まえがき

　「発達障害のある子ども」と「関係」というテーマをいただき，連載という形式で徐々に書き溜めていったものを今回一冊の書籍としてまとめていただけることになりました。連載開始当初，このような大きなテーマにどれだけ迫れるか私自身のチャレンジでもありました。

　私はこれまで NPO 法人での活動を中心に，発達障害のある子どもたちやその保護者と関わっていました。この NPO 法人はアスペ・エルデの会といい，幼児から大人までの発達障害のある皆さんやそのご家族の皆さんの自助団体であり，そこに専門家としてのスタッフや大学生ボランティアスタッフが関わっている団体です。私はここで主に，発達障害のある子どもへの性教育（性と関係性の教育）に取り組んできました。性教育と聞くと，月経・精通支援，性行為や避妊に関すること，妊娠・出産の話題などをイメージする方が多いと思います。当然「性」に関する内容ですので，そのような性の話題を扱うことは避けられません。しかし，性の知識を学ぶ前に，「関係」について学んでおいた方がいいのではないかということに気がつきました。

　発達障害・知的障害のある子どもへの性と関係性の教育に関わることで，彼らの性教育の課題の一つは"性の問題行動への対応"だということがわかってきました。そしてこの性の問題行動は「人間関係」がうまく構築できないことが根底にあるということも感じています。このことから支援者にとって，発達障害のある子どもたちへの目に見えない「関係」づくりの支援は重要な支援課題であると考えています。

　この書籍では文献やインタビューなどをもとに，筆者である私（一応は発達障害がない定型発達のつもりですが，絶対にその傾向がないとも言い切れないと自己評価していますが……）からみた「発達障害のある子ども」と「関係」に関する記述をメインに構成しています。先にも書きましたが，「関係」は目に見えないものです，個々の受け取りようによってさまざまな解釈ができます。相手から直接話を伺って，それを文字にしないと，見えるようにはなりません。ですから今回何人かの方にインタビューをさせていただいたり，お話を伺ったりして「関係」を文字にしてみようと思いました。

　この書籍では個人が特定されないようにインタビュー内容を修正してあり

ますが，できる限りその方のナラティブ（物語）を書き留めました。そこから
わかったことは，普段あっている方でもちゃんと聴かないとわからないことが
たくさんあった，ということです。その人の背景，体験してきたこと，考えて
いることなどは千差万別で，ヒトの数だけドラマがある！と実感しました。

とはいえ，私が普段仕事や支援をしている狭い範囲のなかで，たまたま出会
った方をメインにインタビューをさせていただいたものですから，すべてを
網羅しているというわけではありません。この書籍を読んでいただく支援者
の皆さんの体験されることや日ごろ関わっておられる方は異なりますから，
賛成や反対などさまざまなご意見があるかもしれません（そのことは十分承
知しているつもりです）。さらに解説でつけ加えている解釈なども，私の勝手
な意見です。ご理解していただきたいのは，決して私の経験や解釈を一方的
に皆さんに押しつけるつもりはなく，あくまでも一例としてとらえてほしい
ということです。事例や解釈が偏っているかもしれないことは，自分自身肝
に銘じないといけないと思いますが，みなさんもそのつもりで読んでいただ
けるとうれしい限りです。

私が目指したいのは，社会で生活するうえで時に生きにくさとなりうる発
達障害の特性や，性別や，年齢などさまざまな事柄などを，全く気にしなく
ても，誰もが自分らしく生きることができる社会になってほしいということ
です。私一人ができることは限られていますし，発達障害のある皆さんには
大きなお世話だと言われるかもしれません。でも，生活しにくい物理的な構
造，利用しにくい制度，大多数派対象の慣行，そして発達障害，性別，年齢
などに対しての間違った観念などが，近い未来に取り払われることを期待し
ています。

この書籍を通じて，発達障害のある皆さん，そのご家族の皆さんへの理解
の一助となると幸いです。そして理解が深まることで，支援者の皆さんが実
際に発達障害のある皆さんやご家族を支援されるときの参考になればと思っ
ています。そして，理解とか支援とかわざわざ言わなくてもいい世の中にな
ることを願っています。

平成が終わり，新しい時代がやってきたころ

川上ちひろ

発達障害の
ある子どもの
性・人間関係の
成長と支援

関係をつくる・きずく・つなぐ

川上ちひろ 著

遠見書房

目　次

発達障害のある子どもの
性・人間関係の
成長と支援

関係をつくる・きずく・つなぐ

第1章

「発達障害のある子ども」と「関係」について

概論

はじめに

　第1章では，「発達障害のある子ども」と「関係」に関する概論的なこと，とくに「関係」つくりに苦手さに焦点を当ててまとめます。読者の皆さんは，「関係」をどのように理解しておられるでしょうか？　それぞれが考えるもしくは感じる「関係」は，同じであったり違うものだったりします。また個々に，「関係のよい相手」「関係がよくない相手」が存在します。目に見えなくて主観的な判断の「関係」だからこそ，発達障害のある子どもたちにととって難しい面があります。

「発達障害のある子ども」と「関係」の関係

　筆者は，2010年に雑誌『子どもの心と学校臨床』（第2号）の"特集：学校の中の発達障害の子ども：クラスに発達障害のある子もいるというあたりまえの現実の中で"で，専門家の皆さんが執筆された中の一つ〈発達障害のある子どもの「性と関係性の教育」〉で「関係」について簡単に触れました。それは，発達障害のある子どもの中には，成長に伴って「関係」が変化することに気づくのが苦手，その「関係」の変化に応じた対応をすることも苦手，そして，そもそも「関係つくり」をすること自体が苦手なことのように感じる，という内容でした。

　筆者は，"性（セックス，セクシャル）"という文脈の中での発達障害のある子どもの「関係」について注目しています。一般的には思春期を迎え大人になっていくことで異性との関係が複雑になり，より「関係」や「関係つく

り」も緻密で複雑になっていきます。一般の子どもたち（定型発達）にとってもはっきりせず難しい時期なのですが，それ以上に「発達障害のある子ども」にとって思春期は，とても混沌として分かりにくい時期なのだと思います。

　「発達障害のある子ども」と「関係」に関する記述は，ご家族や支援者などの多くの皆さんにとって興味，関心が深い内容だと思います。なぜなら「発達障害のある子ども」の障害特性によるメインの障害の部分が「関係」をつくることの不得意さだと思うからです。ここで対象にさせていただく「発達障害のある子ども」とは，いわゆる自閉症スペクトラム障害のあるお子さんのことです。ご存知のように，その障害特性は「社会性」「コミュニケーション」「イマジネーション」の障害であり，その結果として現れるものの一つが「関係」をつくることの苦手さでしょう。

　現在，自閉症スペクトラム障害のある方たちに向けた「人間関係」構築の指南書的な書籍がいくつも出版されています。そのなか一つの『ちゃんと人とつきあいたい』（井澤編，2008）には，筆者の“人との関係でうまくいかないことがあるとそれがストレスになってしまうので何とかしてあげたいとの思い”から，人とうまくつきあうための SST（ソーシャルスキルトレーニング）が紹介されています。また『自閉症スペクトラム障害のある人がある人が才能を生かすための人間関係 10 のルール』（グランディンら，2009）には，“よい人間関係は，社会で豊かに人生を歩むために欠かせないもの”だとして，人間関係の暗黙のルール 10 か条が説明されています。

　このように「発達障害のある子ども」と「関係」とは，切っても切れない関係であり，豊かな人生を送るために，定型発達の人たち以上に重要な意味を持つテーマなのです。

「関係」の意味について

　ではここで「関係」について，すこし考えてみたいと思います。
　『広辞苑』（第五版）によると「①あるものが他のものと何らかのかかわりを持つこと。その間柄。二つ以上の思考の対象をなにか統一的な観点からとらえることができる場合に，それらの対象はその点で関係があるといわれる。②人間関係における，特殊なかかわり合い（男女間の情交，血縁や組織にお

ける結びつきの間柄，ある物事に携わっていること，その方面の仕事）。③あるものが他のものに影響を及ぼすこと」とあります。

　単語の定義からわかるように，「関係」とは「力関係」というか，「ベクトル」というか，「“モノやヒト”と“モノやヒト”との間」の空間にある何らか目に見えないものです。風向や熱量もなく，色や香りもついていない何かです。

　「関係」とは，それを相互に意識し，認知し，気づき，理解したものだと思います。それらを文字や音声で明示される場合もあるかもしれませんが，だからと言ってその関係が目に見えてくるわけではありません。もし目に見える何かあるとすれば，「関係」を意識し，認知し，気づき，理解したものから自分が起こす行動やふるまいが目に見えてくるのだと思います。

　次に〈関係〉と〈関係性〉の意味や使い方のちがいを，明確にしておかなければいけないのではないかと考えます。手持ちの辞書をさがしても〈関係性〉の意味が明確になりませんでしたので，ネットでググってみました（英語で検索するという動詞 google の意味）。

　とあるQ＆Aのウェブサイトに，「〈関係〉と〈関係性〉の違いは何ですか？」という質問が挙げられていましたので読んでみました。その回答として，「関係が明確であれば〈関係〉を用い，関係の傾向を示したい，具体性が十分でないのであれば〈関係性〉を用いるのではないか」とありました。語尾に〈性〉がつくことで，傾向や性質などの，方向はなんとなくそっちを向いているが確実だというほど明確ではない，多少曖昧な意味になるようです。

　また，ある大学の教授に伺ったところ，「関係」はお互い（当事者同士）がまさに感じているものを指し，「関係性」は第三者からみたその当事者同士の関係ではないでしょうか，とのことでした。

　ここでは〈関係〉と〈関係性〉との用い方を完全に区別して書くことは難しいかもしれませんが，意味の違いについては意識していきたいと思います。

「関係」に気づくこと

　日常的に「関係」という単語はよく使っていると思いますが，使用している皆さん自身は「関係」が何のことを指しているのかよくわかっておられると思います。たまには「関係」を読み違えてしまったり，誤解してしまったという失敗経験をされたことがあるかもしれません。しかし定型発達の皆さ

んはこれからのテーマとなる「発達障害のある子ども」たちのように，このお互いの間の「関係」を意識，認知，気づき，理解するために，並々ならぬ勉強や努力や修行をして，とても長い期間，多大な苦労をしてきたという経験はあまりないのではないかと思います。

　多くの場合，定型発達の皆さんは，2つもしくは2人以上の何かが存在するその間に何らかの「関係」があり，さらにどのような内容の「関係」が生じているのかということを，何となく自然に察知できる能力を生まれてから知らず知らずのうちに，成長とともに身につけてきていると思います。ただし，その察知能力は人によってかなりの個人差がありますので，「関係」に気づく程度も人それぞれでしょう。以下に2つの例を挙げてみます。

■「関係」に気づくことの例，その①

　同じ高校で同じクラスの高校生のあるカップルを想像してみてください。この二人は，付き合っていることをクラスメイトには全く話していませんので，クラスメイトは知らないということになっています。しかしこの二人の間には付き合っているという「お互いの関係」に対する同一の理解があります。目には見えませんが，二人は付き合っているという「関係」で結ばれています。

　この若い二人はクラスのみんなに自分たちの「関係」をばれないように装っていても，なんとなく相手を目で追ってしまったり，アイコンタクトをしてしまったり，微笑んでしまったり，また逆にばれないようにするあまり話し方や接し方がよそよそしかったり，ぎこちなかったりして，どうしても多少雰囲気や行動に出てしまいます。これは「二人の関係」が行動で現れているという状況でしょう。

　一方クラスメイトはこのような二人の様子を，教室にいる全員が同じ条件で目にしているはずなのですが，この二人が「内緒で付き合っているという関係性」に気がつく人，気がつかない人，もしくは「あの二人は仲が悪いんじゃないか？」と思う人さえいると思います。この例では，二人の関係性に"勘づく"といった方がいいかもしれません。勘がいい人，鈍い人，または逆のことを感じてしまう人など，その人によって感じる程度はさまざまです。二人の関係が明確に言語化されていれば（この例の場合は「私たち付き合っ

ています！」とクラスメイトに公表することですが），クラスの誰もが二人の
関係性をこの文字通りに，しかも共通の理解ができると思います。逆にいう
と，これ以外の理解はないと思います。

　しかし単に二人の雰囲気から「ただならぬ関係」を感じることができるの
は，個人によって差はあるにせよすばらしい能力の一つだと思います。これ
はだれに教えられたものでもなく，成長や日々の生活の中で培われていくも
のなのかもしれません。ただ，なぜそれができるのかとても不思議なことだ
と思います。

■「関係」に気づくことの例，その②

　別の例を挙げます。先ほどは個人によって気づきの程度に差があるという
ものでしたが，次は「見るべきポイントをちゃんと見れる人，見れない人」
「人によって見ているポイントが異なる」という例です。

　全く馴染みがない街で，2度目のチャレンジで目的地に着けるかという試
みをしたとします。例えば友だち数人で海外旅行に行った時のことを想像し
てみてください。ブラブラと市街地を観光していたときに，たまたま目に留
まった地元の人で混雑しているレストランに入りました。そこの料理があま
りに美味しかったので，帰国前にもう一度行ってみたいと思いましたが，誰
のガイドブックにも載っていませんでしたので行き方がはっきりわかりませ
ん。しかしあきらめきれなかったので，みんなでもう一度行ってみる挑戦を
しようと，それぞれが記憶していることを出し合うことにしました。

　ある友人は方向すら全く記憶にありませんが，レストランの名前とそこ食
べたは料理の名前ははっきり思い出せます。もう一人の友人は行くときに乗
降した地下鉄の駅名はしっかり覚えていましたが，町並みはほとんど覚えて
いません。別の友人は地下鉄を降りてからの道順はしっかり覚えていました。
そして最終的に全員の記憶を統合して，無事にまたそのおいしいレストラン
に行けてよい旅の思い出ができました，ということです。

　この例からわかるように，全員同じ経路をたどってその場所へ行き，同じ
ものを食べてきていても，その人によって記憶に残っているものが異なりま
す。要するにそこで何を意識して見ていたか，何に気に留めていたかが，人
によってさまざまだということです。これは自分の興味がある分野などに関

連しているかもしれませんが，何が必要なことなのかが自然に分かり "見るべきポイントがちゃんと見ることができる" 人は，生まれつきセンス（物事の微妙な感じをさとる働き，感覚）がいいともいえるかもしれません。これもまただれに教えられたものでもなく，成長や日々の生活の中で磨かれていくものなのかもしれません。

当事者の皆さんの記述からわかること

　近年，発達障害のある大人のみなさん，いわゆる当事者といわれる方ですが，その方々が「関係」「関係性」「人間関係」などについて記した書籍や文章が多くみられます。その多くは大人になった今，小さかったころから今までのことをふりかえって記述しているものです。これらは発達障害のあるみなさんのことを理解するために，とても役に立つものばかりです。今後この連載でもこれらの書籍を大いに参考にさせていただこうと思います。

　その一つを挙げます。アスペルガー症候群のある大人の方の記述をまとめた書籍『アスペルガー流人間関係：14人それぞれの経験と工夫』（エドモンズら，2011）には，いままで人間関係で奮闘されてきたアスペルガー症候群のある方たちの記録が満載です。そのなかの一つで，「振り返ってみると，中学生のころから20代くらいまで，人とうまくかかわれない自分に悩み，悶々としてきました。……人づき合いができない人間だと思われたくなかったので，無理して人の中に入っていったのです」とあります。このように人とのかかわり方がうまくできないと感じ，悩むアスペルガー症候群のみなさんは少なくはありません。そして意外なのは（というととても失礼かもしれませんが）うまく人間関係がつくれていないという現状を，当事者自身がちゃんと把握していることが多く，そのためにいろいろと自分なりの対応を工夫されている方が多いということです。ただし，その工夫がいつも功を奏するわけではないというちょっと残念な結果も伝わってきます。その残念な結果につながってしまうと思われる，原因は何なのでしょうか。

「関係つくり」の苦手さ——脳機能の面から

　ここから，発達障害のある皆さんが「関係つくり」がなぜ苦手なのだろう

か，を考えてみたいと思います。

1．心の理論

　自閉症スペクトラム障害の心に関する研究や記述，または自閉症スペクトラム障害の障害特性を検討するときには，「心の理論」がよく用いられます。あまりにも有名すぎて，私から説明する必要もないくらいでしょう。「心の理論」が備わっているか確認するために，誤った信念課題といわれるテストがあり，よくご存じのものではサリーとアン課題，スマーティ課題といわれるものがあります。これらはある場面を設定しそこで繰り広げられるやりとりについて「自分は事実を知っているが，それを知らない他人はどう答えるかを推測する」ことを被験者に問うというものです。

　「心の理論」は「他人・他者の精神状態，思考，感情を想定する能力」と言い換えることができます。“自己および他者の目的・意図・知識・信念・思考・疑念・推測・ふり・好みなどの内容が理解できる場合に，その人は「心の理論」を獲得していると考える”ということで，すなわち「他者は自分とは違う考えを持っていることが分かるようになる」ということです。一般的には生後18カ月でその能力が芽生え始め，3〜5歳で獲得されるということです。自閉症スペクトラム障害がある場合は，その獲得が遅れるとも言われています。

　余談ですが……“心はどこにあるか？”という哲学的な問いを聞かれた方もあるかもしれませんが，現代風にいえば「心の理論に関わる脳部位は前頭眼窩野，前頭連合野内側部，上側頭溝後部，側頭極，扁桃核……にあります」などと，科学的な根拠に基づいた返答が返ってくる時代となりました。現在では自閉症に関する脳画像研究が多く行われ，その解析も飛躍的に行われています。精神科疾患の病因や病態を研究する目的で，ブレインバンクというものも存在しています。

　それで，この「心の理論」ですが，このように「他者のこころ」を察することが苦手ことは，やはり「関係つくり」をするうえで大きな障壁となるでしょう。「関係」を作るためには，自分のことだけではなく相手や周囲の状況や心情を推測したうえで，「関係つくり」のための行動をしなくてはいけません。

　たとえば発達障害のある子からたまに，「○○ちゃんと，お友だちになりた

い」ということを聞くことがあります。ただ皆さんは「お友だちになりたい」と想像するだけはお友だちになれないことは十分ご理解されていると思います。現実として「お友だちになる」とは「お友だちという関係をつくる」ということです。「友だち」の定義も難しいものでその程度もさまざまありますが，最終的にはお互いが「友だち」だということを共通認識することが重要です。「関係つくり」でいえば，お互いが「友だち」という共通認識を持つまでの過程です。

　お友だちになるためには，その第一歩として相手へどのように声をかけるといいのか，また相手が興味があるものは何だろうかと盛り上がりそうな話題について推測するとか，などなど，自分とは違うだろうという前提で他者についてあれこれ思いを馳せ，実行に移します。友だちとのつながりとは，自分とは同じものを持っていることを共有することを楽しむ，もしくは違うものを持った人と交流を楽しむことだと思います。しかし他人には他人の，自分と同じもしくは別のこころを持っていることに気づけないと，楽しさも感じられませんし，友だちになるということ自体に意味がありません。関係を創る，保つ，楽しむためには，心の理論はとても重要な意味があるのだと思います。

2．顔認知

　顔には個人識別，表情，視線の大きく3つの情報があるといわれています。最初に顔認知についてあげます。

　自閉症スペクトラム障害のある人は，顔認知（他人の相貌［顔つき，顔の形，ありさま］）を読み取る力が十分発揮しないといわれています。顔認知の障害があると，顔認知による個人識別が難しい，つまり知っているはずの顔を見てもその人だと同定することが苦手だということになります。

　自閉症スペクトラム障害の子どもたちと関わっていて，顔認知に関わる以下のような経験をされたことはないでしょうか。何度もあっているはずなのに，何回あっても自分のことを認識してくれない。名前は知っているはずなのに，顔を見て探せない。いつも会う場所と別の場所でばったり出会ったら，知らない人に会ったかのように素通りされた，など。実はこのようなことは私も頻繁に経験することです。NPOで関わっている子どもたちとは何年も定期的に会っているのに，全く知らない人に初めて会ったように対応されるこ

とはしばしばあります。お母さんが子どもに「川上先生はどの人？」と尋ねたとき子どもが「どの人かわからない」と答えることもあり，筆者が子どもに「○○さんのところにこれを持って行ってね」と頼んでも目的に人に辿り着けずウロウロしていたりなどはよく見かける光景です。

　こちらとしては何回か会えば筆者のことを覚えていてくれるだろう，と期待をしますが，その期待を見事に裏切ってくれます。それはこちらの勝手な期待だったかもしれませんが，一般的には何度か会うことで，自分のことを認識してくれる程度の顔の雰囲気は覚えてくれるだろうというなんとなくの共通理解があると思います。ですからもし何度出会っても覚えてくれないとなると，「この人，どういう人なの？」と疑ってしまうでしょう。そうなるとお互いの認識の積み重ねができていないと感じられてしまうので，人との関係をつくるときには障壁となる可能性があります。

3．表情認知

　次に表情認知ですが，これも自閉症スペクトラム障害のある人にとって苦手とされているもので，診断基準にもなっています。表情はそのときの感情と直接的に関連していますので，これがうまく読み取れないと致命的な対応のズレや判断の間違いにつながることは容易に予測されます。

　たとえば友だち同士で遊んでいるときに，自分がした何かしらの言動がきっかけで，相手を怒らせてしまっているにもかかわらず，相手の表情から「いま友だちは怒っている，何故だ？　これはヤバいぞ！」ということが察知できないと，また怒らせるようなことを繰り返してしまうか，怒らせたことをフォローするような対応ができないので，ますます友だち関係が悪化してしまいます。逆に友だちが楽しいとか嬉しいと思っていることが表情から察知できないと，その感情の共感ができずに相手に十分な満足感を与えることができないかもしれません。そうなるとこれもまた，よい友だち関係の継続が難しくなるかもしれません。

4．視線認知

　自閉症スペクトラム障害のある人が視線が合わせるのが苦手だということは，よく知られています。子どもたちによく声をかける「話を聞く時，話をするときは，その人の顔（目）をみましょう」は，話の内容に集中するとい

うこともありますし，私はあなたの話を聞いていますよということを伝える
パフォーマンスの意味もあると思います。視線が合うことで，アイコンタク
トといって，目でお互いに了解を取り合ったり，確認をしあったり文脈に沿
った合図をすることもできます。目は口ほどのものをいうという諺があるほ
ど，目や視線によって感情や情報を伝えることができます。

　筆者は現在勤務している大学で医学科の学生さんたちと，医療面接技法（患
者さんとどのように話をするといいのかを実際に体験しながら学ぶ）の基本
について教えたり学んでいます。患者さんとコミュニケーションをとる時に，
相手のほうを向く，アイコンタクトを意識するという行為は，相手との信頼
関係をつくる上で重要なことですので，できたかどうか確認するためのチェ
ック項目に入っているほどです。

　自閉症スペクトラム障害のある人は視線が合いにくい，合わせるのが苦手
なのですが，話を聞いていないわけではありません。その場での話はちゃん
と聞いていますし，内容もしっかり覚えています。普段自閉症スペクトラム
障害の子どもたちと関わっていると話を聞いていることは分かっているので
すが，しかし視線を合わせてくれないとやはり話を聞いてくれていないよう
な気になりますし，失礼な行為だと感じてしまいます。本人たちが視線を合
わせるのが苦手だということが理解してもらえていないと，誤解されてしま
うでしょう。

5．ミラーニューロン・システム

　共感，意図の読み取り，模倣，ごっこ遊び，言語学習がこのミラーニュー
ロンに関係していると言われています。ミラーとは鏡のことで，相手の行う
行為を見ることで，自分の脳内にも反映させミラーニューロン・システムに
関わる脳の部位が活性化するというものです。ミラーニューロン・システム
の不十分さは，先に挙げた共感，意図の読み取りが苦手ということは，相手
との関係をつくる上での基本的な機能の不十分さとなります。

■「関係つくり」の苦手さ──普段のやりとりから

　NPO法人アスペ・エルデの会で自閉症スペクトラム障害のある子どもたち
と接しているときに感じるのですが，発達障害のある人で今さっきのできご

とをすぐにふりかえったり，内省すること（自己を省みること）はなかなか難しいことである人もいるようです。しかし，数日，数年過ぎてから，「あの時は○○だったから……，私は○○だったんだ……」ということを思い出したように話してくれることがあります。正直なところ「いまさら話してもらっても，こちらも対応できないし……」と思ってしまうのですが，このことを話してくれることで，彼らがとる行動やふるまいの根拠を理解することができます。

　このようなタイムラグができてしまうのは彼らの特性の一つだと思いますが，これらは相手との関係を創ることの苦手さにもつながると思います。タイムラグができてしまう原因として，具体的には以下のようなことが彼らの中に起こっているからだと思います。これらは以前，発達障害のある大学生から聞いた内容です。①その場で起きているできごと（やりとり）を瞬時に把握するのが苦手，②その場で起きているできごと（やりとり）に対してその場で瞬時に対応するのが苦手，③対応しようにもどのタイミングで対応すればいいかも迷ってしまう，④どのように対応したりどのような言葉で話したりすればいいかと，具体的な対応の中味にも迷ってしまう，などがあるということです。大学生ともなればある程度のことができるとみなされますし，大人としての会話（やりとり）ができることが求められます。本人たちはそのことを理解していますが，それでもできないことがあって，その板挟みでいろいろ悩んでしまう，という話を聞かせてもらいました。

スペクトラムとは，個別性や多様性がとっても大きいこと

　ここまで「関係」に関する概論的なことを書いてきましたが，個別性や多様性が大きいということをご承知おきいただければと思います。

　この文章の最初に，当事者のみなさんやそのご家族，そして支援者の皆さんにとって何か有益なものになればよいと願っていますと書きました。それは，各地の研修会などにスピーカーとして呼んでいただいた際に，「それで，うちの子にはどうすればいいんでしょうか？」という，ダイレクトな回答を求められることがしばしばあります。私から「こうすれば絶対にうまくいきますよ」という明確なアドバイスができれば，皆さんは研修会に来てよかったと満足されると思いますし，私自身もいいことをしたなと納得できるでしょう。

　ですが，自閉症スペクトラム障害という同じ診断名があったとしても，スペクトラムというくらいですのでその人によって個別性や多様性がとても幅広く程度も異なります。「関係」については，さらに皆さんが生活している場所や慣習，皆さんそれぞれの信念や心情などにも大きく左右されます。もし国が違えば文化にも影響しますし，時代によっても変化してきましたし，これからも変化していくものです。これが正しいという正解はありません。誰かが正解を知っているということもありません。それを決めるのは，そこに関わるみなさん自身です。

　また，当事者のみなさんやそのご家族，そして支援者の皆さんは，いわゆるマニュアル本やハウツー本に頼ることが大好きな方が多いようです。もちろん私もそうですので，そのことがよくないことだと否定することは決してありません。良いヒントがもらえると思いますので，とても参考になると思います。しかしそれを鵜呑みにしてしまう，それが絶対的に正しいもの，という思い込みをされないようにしていただければと思います。もしくは自分のケースとは違うから，役に立たないものだと決めつけないでいただきたいのです。

　何年も前になりますが，教員をしている私の友人が出産後子育てをしているときに何気なく口にしたことですが，「子どもの発育の程度がこれに書かれている（育児雑誌）のと少しずれているから，この子は発達に問題があるんじゃないかって心配している」という発言に違和感を覚えました。なぜ違和感があったのかと自分なりに考えたのですが，私はたまたま看護師と保健師の資格を持っていますので，子どもの発育の多少なりとも個別のズレはあるものと理解しているつもりです。しかし，一般的な母親はこのような育児雑誌のようなマニュアル本を基準にして，自分の子どもの成長を評価しているのではないかとだということに気が付きました。なので，そこに書かれていることからズレていたら悩み，一緒なら安心し，ということなのだと思います。ちなみにその友人の子どもは，特に何か大きな問題があったわけではなくいまでは小学生になって元気にすごしているようです。

　もちろん正常な発育の経路と比較してどれだけズレているかを評価することは大切だと思いますが，正常な発育と比較することは本質でも目的でもありません。「その子がどうなのか」を判断することが重要です。何が違うの？といわれそうですが，比較して，正常（普通）からズレているから異常だ，

問題がある子だ，ということを判断するのではなく，その子自身がどういう状況にあって，それが社会的（周囲）にとって問題なのか，問題ではないのか，その子にとって不利益なのか，そうでないのかを判断して，そしてもし問題であれば，不利益があると考えられるのであれば，どうすれば改善すればいいのか，というスタンスでいていただけるとよいのではないかと思います。

　「関係」のことでいえば，成長のように目に見えずあいまいなものである分，判断も人それぞれです。これをしてはいけないという法律はありますが，これが正しいという法律はありません。本人や家族，支援者の皆さん自身に，「関係」を見る目（適切さを判断すること）を養っていただきたいと思っています。

文　　献

別府哲（2001）自閉症幼児の他者理解．ナカニシヤ出版．

別府哲・野村香代（2005）高機能自閉症児は健常児と異なる「心の理論」をもつのか─「誤った信念」課題とその言語的理由付けにおける健常児との比較．発達心理学研究，16(3), 257-264.

エドモンズ，G・ベアトン，L編（鈴木正子・室崎郁美訳，2011）アスペルガー流 人間関係：14人それぞれの経験と工夫．東京書籍．

グランディン，テンプル・バロン，ショーン（門脇陽子訳，2009）自閉症スペクトラム障害のある人が才能を生かすための人間関係10のルール．明石書店．

井澤信三ほか編（2008）ちゃんと人とつきあいたい─発達障害や人間関係に悩む人のためのソーシャルスキル・トレーニング．エンパワメント研究所．

川上ちひろ・杉山登志郎（2010）発達障害のある子どもの「性と関係性の教育」．子どもの心と学校臨床，2; 62-70.

久保田競・酒田英夫・松村道一編（2005）ライブラリ脳の世紀：心のメカニズムを探る9思考と脳─考える脳のしくみ．サイエンス社．

ラマチャンドラン，V・S（山下篤子訳，2013）脳のなかの天使．角川書店．

榊原洋一（2007）脳科学と発達障害ここまでわかったそのメカニズム．中央法規．

杉山登志郎（2012）発達障害のいま．講談社現代新書．

〈インターネット〉

〈関係〉と〈関係性〉の違い：質問・疑問に答えるQ&AサイトOKWave　http://okwave.jp/qa/q5329773.html

第2章

発達障害のある子どもをもつ親が感じる子どもとの関係

はじめに

　第2章は，発達障害のある子どもをもつ保護者（親）とお子さんの関係についてです。

　発達障害のある子どもをもつ保護者が，発達障害がある子どもをどのように子育てしてきたかについて，ご自身の体験を記した書籍が多く出版されています。一般的な子育て書籍，発達障害以外の障害や病気がある子どもの子育て記録書籍よりも，発達障害関係の子育て本のほうが出版数が多いのではないかとさえ感じます。ここでは詳細を述べませんが，それらを読まれると親子の関係について，垣間見ることができるでしょう。

　本章は，発達障害のある子どもをもつ保護者と，そのお子さんとの関係について，実際にインタビューをさせていただきましたので，その内容をもとに考えていきます。

3つのインタビュー

　発達障害があるお子さんのお父さま，お母さま3名にご自身の子育てをふりかえっていただきました。この本では"関係"がテーマですので，①お子さんが幼児期の頃の子育ての様子と感じておられたお子さんとの関係について，②お子さんが大人になられた現在の関係について，③きょうだいと父親，母親の関係について，の3点を中心に，どのように感じておられるのかお話しいただきました。

　なお，これから挙げる3組の親子の事例は，インタビュー内容に基づいて

記載していますが，一部改変してあり仮名を使用しています。

①父親と息子の一例——憲吾さん：智樹くん（17歳男性）の父親

　智樹くんは未熟児で生まれたため，幼いころは病気や発達の面など心配することが多かったようですが，身体的な遅れはなく，順調に成長していきました。しかし憲吾さんは，智樹くんが幼稚園にあがったころから，彼の"年齢に見合わないなんとなく変な行動"が気になるようになったそうです。そして憲吾さんは「いつかはまわりの子どもたち同じようなことができるようになるだろう，年齢に見合った成長に追いつくだろう」と考えていました。この考え方は奥さま（智樹くんの母親）よりも，多少楽観視したものであったとのことでした。

　その後小学校に入学し，その頃受けた発達検査（このときは田中ビネー）ではとくに問題を指摘されずに通常クラスに在籍して日々過ごしていました。そして智樹くんが3〜4年生になるころ，勉強はやれば（やらせれば）それなりにできるのだけれど，でも何となく問題行動（非行のようなものではなく年齢や場面に見合わない行動やふるまい，不器用さ）が気になるようになってきました。ですから憲吾さんは，"もしかしたら……，やっぱり智樹には何か障害のようなものがあるのではないだろうか"と考えるようになってきました。

　憲吾さんは長男である幼い時の智樹くんに対し，とても期待をかけていたと当時をふりかえっています。憲吾さん自身，学生時代はいわば優等生タイプで，小中学校では学級委員を務め，スポーツや勉強も人並み以上にできていたのではないかということでした。ですから，たとえば幼いころ智樹くんに自転車の乗り方を教えていたときや，公園の遊具で遊んでいたときなど，その智樹くんのぎこちない姿と自分自身が子どものときの姿のイメージとの間に大きなギャップを感じ，何度やってもうまくできないわが子に対し，もどかしい思いやジレンマをかなり感じていたということです。憲吾さん自身がイメージの中で設定した目標のラインにまでと，智樹くんに要求し，しかし実際には上がってこられないことが多いわが子に対して"なんでここ（目標ライン）まで来れないんだ!?"とヤキモキすることもしばしばあったようです。そのイライラの結果，憲吾さんは智樹くんに叱咤することもあり，ときには強い口調で怒ることもあったとのことです。

　その後，小学校5年生になり学校の教育相談員からの指摘で再び発達検査（このときは WISC）をうけ，専門の医療機関で診断名をもらいました。憲吾さんはそのときの診断名に「障害」とついていたことが精神的にショックであったし，同時にやっぱりこのときが来たかとも感じたということでした。そして憲吾さんはそれから数カ月間は，"どうして自分の子が……"と，モヤモヤした思いを持ちながら過ごしていました。しかし，特に大きなきっかけがあったわけではありませんが，いつしかこの現実を前向きに受け入れようと思うようになり，そして智樹くんに見合った過ごし方や環境を整えていってあげたいと考えるようになったということでした。

　智樹くんは，現在17歳となり高校に通っています。近い将来には社会に出ることになります。そのため智樹くんが，一人前の社会人になれるようさまざまなトレーニングしなければいけないと考えているということです。具体的には社会の中でちゃんと働けるようになって，さらにその稼いだお金で自分の余暇時間を楽しめるようになってほしいな，と願うようになってきたと感じておられます。

　以前憲吾さんが智樹くんに求めていた"ここまでできてほしい"という気持ちは，現在ではほとんど感じることがなく，どちらかというと今は同性同士の友だちの感覚で，一緒に電車に乗って出かけたり，スポーツを楽しんだりしているそうです。もちろん社会人として生活できるようになってほしいと願う気持ちは大いにありますが，できなさに対してイライラ，モヤモヤすることはほとんどなく，一歩下がって智樹くんのことをみることができるようになったということでした。

　憲吾さんには，智樹くんと3歳年の離れた弟の幸樹くんという息子さんもいらっしゃいます。幸樹くんは中学3年生の高校受験生で，日々勉強やスポーツを頑張っている発達障害の特徴を持たない定型発達の男の子です。憲吾さんは幸樹くんに対しては，知らず知らずのうちに兄の智樹くんでは成し得なかった"父が設定した目標のラインまで上がってこい！"と，相変わらず求めてしまっていると苦笑いをして話してくださいました。

②母親と息子の一例──優子さん：敦くん（22歳男性）の母親

　思い出すことができる一番小さいころの思い出は，敦くんが幼稚園に入ってすぐの3歳のころだそうです。それまでは優子さん自身，子育てに一生懸

命すぎて何をやっていたかほとんど記憶がないとのことでした。このころの敦くんはとにかくよく動き，優子さんが何と言って声をかけても動きまわっていました。敦くんが優子さんの言うことをちゃんと聞いているのか全く分からないし，そもそも聞く気があるのだろか？　と疑ってしまうこともあったということです。でも母として優子さんは息子の敦くんのことが大好きで，でも敦くんはちっとも優子さんに振り向いてくれなくて，いつ振り向いてくれるのだろうかとヤキモキしていたそうです。いつも一方的に思い続ける "片想い" のようで，いつ "両想い" になれるのかと待ち望んでいましたとふりかえっておられます。

　さらに優子さんによると，子どもが母親に「甘える」瞬間というのがあると思うので，そういう大事な時に母のところに来てくれず，「今でしょ，母に甘えるのは！」と思っても，その甘える瞬間が親子で一致せずに "ズレ感" をよく感じていました。そのため，優子さんは敦くんに対していつも切なく，満たされない想いでいました。優子さんは敦くんに関わりたいときにはちっとも敦くんは相手にしてくれないし，逆に優子さんが家事などで忙しくしているときには敦くんがまとわりついて家事の邪魔をしてきて，自分のことを "親" と思ってくれていないのだろうか，信用してくれていないのだろうか，自分は（敦くんにとって）いごこちがいい（母親でもなく人間としてでもなく）単なる対象物ではないのか，という錯覚に陥ることもあったそうです。

　ある日敦くんは自家中毒（周期性のある嘔吐症）となり病院にかかったそうですが，その時に診てもらった医師から優子さんが敦くんに虐待をしているのではないかと疑われたそうです。もちろんそう言われて優子さんはとても辛かったのですが，敦くんのこの自家中毒の症状がストレスが原因で起きたのかもしれなかったことが分かっていたので，むしろそのストレスを発散してあげる方法が全く分からなかったことのほうが，さらに辛かったということでした。

　敦くんが小学校に入学してからは，敦くんは優子さんにとてもまとわりついてくるようになってきて，なにかにつけ優子さんのことを呼ぶようになってきたそうです。敦くんは小学校という場の集団生活に入って馴染めていないようでしたが，それでも優子さんに何か困っていると助けを求めてこないし，やっぱり親子関係の構築の苦しさは続いたようでした。一つ良かった点としては，このころからクローズドクエスチョン（「はい」か，「いいえ」で

こたえられる質問）には敦くんが返答してくれるようになって，日常生活が多少スムーズになってきたということでした。

　敦くんは一人遊びをよくしていて，絵本やジャングルジムなどがお気に入りでした。敦くんは自分のファンタジーの世界に入り込んで遊んでいることが多かったので，優子さんもそこに入り込んで遊ぶと楽しく過ごせました。キャラクターの黄色いぬいぐるみを使っての再現遊びもよくしていましたが，この再現遊びの間ならごっこ遊びではなく，敦くんとの“やりとり”もできたそうです。そして料理や裁縫を一緒にすることもありましたが，その際にはぬいぐるみなど“何か”を介在して話すことが多かったようです。このような“やりとり”ができるようになって優子さんは「仲間に入れてもらえた感じがした」ので，うれしかったと話されました。このようなやりとりは小学校4年生くらいまで続いたようです。面と向かっての会話は敦くんにとってとても難しかったようですが，ぬいぐるみ，絵本などの物を使いながら，それと会話するという手法なら敦くんと交流できることがわかったそうです。その方法はおとなになった現在でも使える方法で，そのほうが話しやすいときがあるということです。

　敦くんは現在22歳で社会人となり，企業に就職して毎日働いています。そして近い将来完全に一人暮らしをすることを目指しており，短期間アパートを借り一人暮らしの練習をしています。そんな大人になった敦くんとの関係で感じていることは，ようやく一人の人間として向かい合えることが増えてきたかな，ということだそうです。就職しても，何かにつけて優子さんの言う通りにやっていた敦くんですが，近頃やっと「でもぉ，それはぁ……」と詰まりながらでも，自分の言いたいことをその場で言葉として紡ぎだそうとする姿に一番象徴されているとのことでした。

　このインタビューの少し前の出来事だそうですが，転職サイトを見ていた敦くんを見つけた優子さんは，中学生までなら「何があったの！　どうしてそんなの見ているの??」と敦くんに詰め寄っていただろうと言われましたが，先日は「あら，転職サイト見てるんだね」「どうして転職サイトに興味があるの？」とゆっくり話しかけ，自分から話すのをじっと待っていたと言われました。その時敦くんは「ボクは一人前だから，家族にも仕事の内容は話せないんだ。でも……」と，「僕はどうしたらいいんだ」「でも話せないんだ。でも……」を繰り返しながら，詰まり詰まり，自分なりに話せることだけを

必死で訴えてきたそうです。誰かに相談しようかどうか迷う敦くんの姿を見て,「困った時ほど早く相談ができるのが,大人なんだよ。いま困っているなら,お母さんじゃなくてもいいから誰かに話せるといいと思うよ」と優子さんは言いながら,敦くんがどうするか見守っていたそうです。そうしたら「実は,今までと仕事が変わったことでみんなに迷惑をかけているんだ。役立たずになってしまったから,もう会社にはいられないと思ってサイトを見ていたんだ」と話すことができたそうです。優子さんは,「今はもう,目をかけることはできても手をかけることはもうできなくなりました。一人暮らしになれば,目をかけることさえできなくなります。でも,それが成長だと思います。よくここまで頑張ってきたなと思います」と言っておられました。

　優子さんには,敦くんと3歳年の離れた妹の真奈美さんという娘さんもいらっしゃいます。真奈美さんは障害特性を持たない定型発達の女の子で,現在は専門職として働いておられます。その真奈美さんは生後7〜10カ月のころには,優子さんに近づいてきてとてもなついてくれて,優子さんの視線を気にしながらしぐさをしたという,通常の成長をされたお子さんです。優子さんは,真奈美さんとは一般的な母子の関係が構築できていると感じておられます。一方敦くんとの関係は,どうやったら母子関係が作れるのだろうかと幼少期から現在まで常に考えており,自分のイメージする親子とは違っていてとてもアンバランスだと感じていました。ですから,真奈美さんとの親子関係を確認することで,気持ちのバランスを保つようにしていたと話されました。

③母親と娘の一例──千春さん：美紀さん（27歳女性）の母親

　美紀さんが小さいときはローマ字や漢字が読めたりしていたので,美紀さんの祖父母たちは「この子は天才じゃないのか,将来が楽しみだ」と,かなり将来に期待をかけていたそうです。しかし千春さんは,美紀さんがボタンかけがうまくできないなど生活面での作業などが,年齢に応じてうまくできないことがいくつかあり,さらにとても不器用だったので,発達に関してとても気になっていました。美紀さんが2歳くらいになったときには,すでに彼女の発達のことが気がかりだったとのことでした。

　とにかく人並みにできてほしい,普通の子,普通の女の子としてできることが美紀さんにもできるようになってほしいと,習い事も体操,習字,水泳,

ピアノなどをさせるなど，日々一所懸命だったそうです。同居の義母も美紀さんに洗濯物のたたみ方を教えるなど協力してもらえたおかげで，現在では洗濯物を干したり，掃除をしたり，整理整頓してくれたり，家事を手伝ってくれることもよくあり，千春さんが忙しいときにはとても頼りになるそうです。

　はっきりと診断を受けたわけではないということですが，美紀さんが小学生のころ小児科医師から高機能広汎性発達障害やアスペルガー症候群の特徴があるといわれたことがあり，千春さんは「やっぱり……」と感じたということでした。

　千春さんには，美紀さんからみて5歳年下の妹の遥さん，9歳年下の弟の健太くん，どちらも発達障害のないお子さんがいます。遥さんは幼い時，自分から母千春さんにくっついてきていましたが，一方美紀さんは千春さんから関わっていかないと近くにいてもらえなかったようです。また一般の姉妹のように美紀さんと遥さんを関わらせようとしましたが，あまりうまくいかなかったようで，姉妹でおままごとなどして遊ぶということはなかったようです。また千春さん自身同性のきょうだいはおらず，幼い時に母親を亡くされていたことから身近に“女性”のロールモデルが存在しなかったため，女の子である娘というものがよく分からなかったと言われました。美紀さんに似合う服を買ってあげたいと思い，好みを直接本人に尋ねてもいわゆる母娘のような会話にならなかったため，妹の遥さんに姉に似合う服はどれだろうかと相談していたということでした。

　美紀さんは，今は27歳になって事務系の仕事につき毎日勤めにも行っていますが，千春さんは今でも美紀さんのことを，生活面の気遣いはもちろん，自分の運転で出勤する際駐車場から出るとき車が来ないことまで確認してあげるなど，毎日いろいろお世話をしているということでした。美紀さんができなくて仕方なくやっているというよりは，千春さんがお世話をしてあげたくてやっているということです。美紀さんはそもそも自分から離れていく（自立していく）という感じがなさそうで，千春さんも美紀さんから離れられなくて，とにかく守ってあげたくて子離れできていないということです。

　美紀さんは最近一人暮らしの体験として，一カ月ほどアパートを借りて一人で暮らすこともしており，決して自立が無理ということではないのですが，小さい時からの「美紀には無理だから，守ってあげなきゃ」という意識が今

も強く続いており，〈母と娘〉というより〈親と子ども〉の関係のままでいるようです。千春さんは常に美紀さんのためにできることは何だろうかと考え，例えば千春さんが出かけるときには何を準備しておけばいいだろうかなど，美紀さん中心に物事を考えているということです。美紀さんには世の中の物事はより具体的に伝え，美紀さん本人にとってよりわかりやすいように環境を整えてきました。千春さんが美紀さんの進学や就職など道筋をつけて，それに家族や周りの人を巻き込むようにして協力を得るようにして現在にまで至りました。

　一方妹の遥さんと千春さんとの関係は，よく考えてみるといわゆる一般的な〈母と娘〉の関係のようだと言われました。遥さんは何でも一人でできる子なので早く自立してほしいと願っており，遥さん自身のためにも母としてそうするべきだと感じているということです。千春さん自身，今まで自分で何とかしてきたということもあり，自分と同じようにたくましくなってほしいと思う反面，私のようにやれるものならやってみたらという気持ちもあります。世の中のことは自分で体験して身をもって知らないと分からないだろうし，いくら口で説明してもわからないだろうという思いもあります。ですからなるべく口出ししないように心がけており，自分のことは自分で決めるように仕向けています。このような接し方は，弟の健太くんに対しても同じようにしているとのことです。

インタビューからみえる，発達障害のある子との関係

　今回のインタビューでは，父と息子，母と息子，母と娘，といういくつかの組み合わせの親子にお話をお聞きしました。気がついたことをいくつか挙げてみます。

　1つ目は，今回お話を伺った保護者のみなさんは，子どもの性別に関係なく日常生活・社会生活で困らないように，というのが最終的な目標ということで一致していました。

　2つ目は，子どもがある程度大人になってくれば自然にどちらかから離れていくものですが，今回の3例（1例はまだ修学中ですが）そのような様子もなくお互いに関わりを持ちながら（というか，親のほうが心配で離れられない）一緒に生活している様子が窺えました。

　3つ目は，子どもの性別による関わり方の違いはあまり見られないように感じました。もちろん性別による社会での役割があるので，それに適応させるようにとはされていらっしゃると思いますが，3例目にもありますが，〈母と娘〉〈父と息子〉というよりは〈親と子〉という関係のほうが強い気がしました。

　4つ目は，今回の事例ではすべて定型発達のごきょうだい（偶然にも下の子）がいらっしゃって，そちらのお子さんとの関係との違いが明らかに違っていました。2例目の"気持ちのバランスをとっていた"というのが象徴的ですが，発達障害のある子とは，意思疎通や共感という暗黙でありつつ分かり合うという心の交流の部分がしにくいと思います。しかし実はこの部分は，自分自身を親であるという確認をするうえで非常に重要な働きをするのだと思います。"分かり合えている"という安心感が，保護者自身の自己肯定感や自己効力感につながるのではないかと思います。発達障害のある子との関係は，その部分がどうしてもはっきりしないことが多いので，発達障害のない定型発達のごきょうだいとの関係を確認することで，発達障害のある子とのある意味特別な親子関係を維持させているのかもしれません。

■ お子さんのことを受け入れること

　インタビューをお願いしたみなさんは，実は発達障害の自助団体であり親の会でもあるNPOに所属しておられる父親・母親ですので，お子さんの障害のことをかなり理解されています。私見ですが，お話を伺ってみて障害の特性を含めたお子さんのさまざまなことについて，ポジティブな言い方ですと"納得して受け入れて"いるように，ネガティブな言い方ですと"受け入れざるを得ないから諦めて"いるように感じられました。どちらの捉え方にしても，子どもの現状を見極め，受け止めることができるということは，無理なことは無理なんだから無理なことはさせない，ただし子どもの特性やできる能力の範囲で自分の生活に必要なスキルを身につけさせ，そしてそれが最大限に発揮もしくは伸ばすことができるように心がける，というスタンスにつながるのではないかと思います。それはよい意味での「自分」と「障害のある子ども」との摺り合わせのように感じました。もしここで，とてつもない高い期待や，方向がずれた要求をすることはお子さん自身も辛い思いをする

ことになるのはもちろんのこと，できない（期待と現実の間のギャップ）お子さんに対してイライラすることになり，その結果保護者の方も自分自身をも苦しめることになるのだと思います。

　発達障害は，身体面の障害や何らか病気を患っていることとは違い，障害が分かりにくいものです。そのことは，周囲はもちろんのこと，家族であればなおさら，分かりにくいうえに受け入れることが難しいものです。しかも障害の有無が生まれた瞬間に分かるというものではなく，年齢を重ねるごとに徐々に"違和感"として出てくるという分かり方です。その"違和感"の一つは，お子さんとのやりとりの中で，年齢に応じた親子関係が構築できないと感じることが一つだと思います。そのことは，虐待という誰にとっても最悪の状況に至るという可能性も否めません。

　『発達障害：母たちの奮闘記』（山下，2011）の第3章に「私自身がアミちゃんの障害を受け入れられたことで変わることができたんです」という母親の記述があります。それまではこのアミちゃんのお母さんは，娘の障害を隠しておきたい，自責の念を感じる，過度に過保護になるなど，素のままの親子関係ではなかったようでした。しかし"障害は誰のせいでもない"と思えたときに，すっと受け入れられたと書かれています。今回3名のみなさんにも，お子さんの障害を受け入れるまでのそれぞれ葛藤があったのかもしれませんが（今回のインタビューでは，そのことについては伺っていません），現状に落ち着かれているようです。

　しかし，中にはどうしても障害を受け入れられない保護者や家族の方もいらっしゃると思います。支援者が「子どもの障害は受け入れるべきだ」と強要するものでもありませんし，受け入れられない保護者はダメな親だということでもありません。その時にはできていないことを批判や否定するのではなく，「障害もしくは子どもを受け入れられていない」という自分の状態を，客観的に受けとめることが大切なのだと思います。

愛着関係のこと

　愛着（アタッチメント）は，出産直後から母と子の間に芽生える信頼関係で，相互に深めていくものです。うまく形成できないのは，子どもだけ，親だけの問題ではなく，「親と子のつながり」の問題であり，相互の人間関係の

問題です。

　「相互の人間関係」といわれてしますと，社会性の障害がみられる発達障害のあるお子さんにとって，とても難しいものだと思われるでしょう。確かに愛着とは相互の関係の中で形成されるものですので，母親が何らか働きかけたり声をかけたことに対して，"母親が思い描くような"子どもの反応がなければ，母親が子どもに対しての愛情や信頼の気持ちが薄らいでいくことは容易に想像できます。ここでポイントとなるのは（どちらかといえば障壁となるのかもしれません），"母親が思い描くような"固定的なイメージです。この"母親が思い描くような"は，一般的な（発達障害の特徴がない）お子さんの反応だと思います。子どもにこうすれば，こうかえってくるはずだという知識やイメージがあると，どうしてもそれを基準（ふつう）に考えてしまうので，違った場合や思い通りにならないときとその差（ギャップ）に悩むことになるのだと思います。

　発達障害のある子が幼児期の愛着行動がない，他者を認識していない，か，といえばそうではないということが研究によって解明され始めています。発達障害のある子は，その表現方法や行動が一般的な（発達障害の特徴がない）お子さんの反応と違うだけで，ちゃんとした彼らなりの愛着行動もあるようですし，母親という対象のこともちゃんと認識しているということのようです。

　このように発達障害のあるお子さんは彼らなりの愛着行動を持つため，一般的な子育て（関わり方）をするというよりは，彼らの障害特性に合った方法がよいのだろうと思います。その一つに「ペアレント・トレーニング」があります。紙面の関係で詳しくは解説できませんが，最近では行政でも取り入れられ始めており，国内での広がりがみられます。

発達障害のある子どもとどう関係を作っていくのか

　ちょうどこの原稿を書いているときに，NPOに所属する高校生以上のお子さんの余暇支援のグループプログラムで，ヨーガの体験をしてもらいました。身体の使い方が苦手な子が多いので，リラクゼーションの方法や呼吸法などを体験してもらおうと，ヨーガの専門の先生にお越しいただきました。そして，同時に保護者のみなさんにもひと時でもホッとしていただこうと，一緒

にヨーガを受けてもらいました。終了後ヨーガの先生がぽつりと話されました「お母さんたちは，自分の考え方を変えなきゃダメよ」と。そのときの言葉が何となく気にかかっており，後日先生にお会いしたときになぜそのことを言われたのかをお聞きしました。

それはその時のヨーガで，ひとりひとり呼吸法の練習やいくつかヨーガポーズをしたのちに，親子ペアになってマッサージをしあった際に，多くのお母さまがお子さんに対して「どうしてちゃんとできないの」「こうやってやらないとだめじゃない」と言っていたのが耳に入ったということでした。親子ペアになるまでは，子どもたちは先生の声掛けを聞いて自分なりにポーズを決め，できる範囲でヨーガを行っていたのに，お母さんが子どもに関わった瞬間，子どもに注意を与えたりダメだったと評価したということです。先生はそのような親子の様子をみて「子どもたちはちゃんと分かっている，それなのに人前であんなふうにできないとかダメだなんて言ってはいけない，お母さんがもっと子どものことを信頼しないといけないし，子どもへの関わり方を変えなければいけないと感じたんです」，と教えてくださいました。

そのことをお聞きして筆者自身，目からウロコ，でした。今まで何年も一緒にこの親子のみなさんと活動を共にしてきたので，そういったことにあまり感じなくなっていたことに気がつきました。その先生のご指摘は，今回の"親子の関係"の重要な気づきとなりました。

発達障害のあるお子さんは，いろいろなことができるようになるのに時間はかかることが多いでしょう。お母さんがやってあげたほうが早いかもしれません。発達障害のある子は，修得に時間がかかったとしてもできないわけではないのです。促進させるような関わりをしながら，信じて待つことが重要だと思います。その子なりの認知や理解の方法があり，その結果その子なりの関係の持ち方というものがあります。それは時にうまくいったり，うまくいかなかったり（このケースのほうが多い気がしますが），それぞれです。誰かが筋道をつけてあげる必要はあるでしょうが，周囲はそれを問題だと決めつけず，その関係の持ち方について理解をし，適切な方法が習得できるように支援をしていくことが大切なのではないかと思います。

余裕がない実生活で，信じて待つことは大変だと思います。しかし親子の関係が基本となり，社会での人間関係構築につながるのだと思います。子どものことを一番理解していて，ずっと見守ることができるは親（保護者）の

はずです。もちろんさまざまな家庭の事情があり，そういうわけにはいかない場合もあるでしょう。しかし発達障害のある子にとって，基本となるコアな人間関係があることは，生きていくうえで重要なものになるでしょう。その人間関係の基礎をつくるのは，やはり保護者の皆さんであり，親子関係なのだと思います。

文　　献

別府哲（1996）自閉症児の前言語的コミュニケーション，愛着，他者認識の発達連関と指導に関する研究．1996年度重点領域研究．

別府哲（1997）自閉症児の愛着行動と他者の心の理解．心理学評論，40(1); 145-157.

カナダ・公衆衛生局著・Nobody's Perfect Japan 監修・幾島幸子訳（2010）完璧な親なんていない—子どもの感情・親の感情．遠見書房．

古塚孝（1996）発達障害・自閉症児の愛着形成過程に関する基礎的研究．平成7年度〜8年度科学研究費補助金（基盤研究C）．

ヘネシー・澄子（2004）子育てサポートブックス—子を愛せない母・母を拒否する子．Gakken.

中田洋二郎（2002）子育て健康シリーズ17　子どもの障害をどう受容するか—家族支援と援助者の役割．大月書店．

齊藤万比古総編集（2008）子どもの心の診療シリーズ5：子ども虐待と関連する精神障害．中山書店．

山下成司（2011）発達障害：母たちの奮闘記．平凡社新書．

第3章

発達障害のあるきょうだいとの関係：きょうだいの視点から「姉の巻」

はじめに

　第3章，第4章は，発達障害のあるきょうだいとの関係を，発達障害のないきょうだい（第3章は姉の立場，第4章は妹の立場）の視点からみてどのように感じているかについて考えていきます。

　インターネットで検索してみると，発達障害のあるきょうだい（同胞）をもつ，きょうだいに関する研究がいくつかなされていることがわかります。またきょうだいに関する書籍や書籍中に記述が含まれるものも，決して数が多いとは言えませんがいくつか出版されています。

　発達障害の研究というと，どうしても障害のある本人（当事者）への理解や支援がメインとなることが多く，また家族への支援としては保護者（養育者）の子育て支援などに焦点があてられることが多いでしょう。" 発達障害がある子のきょうだい " というと，発達障害がある子が主でその付属のように感じられるかもしれません。しかし立場としては " きょうだい " かもしれませんが，人生を生きるうえではあくまでも本人が主役です。本人の意向ではなかったでしょうが " 発達障害があるきょうだい " として生を受け生活する中では，お互いに何らかの影響を与え，受けていると思います。

　そのような興味を持ちつつ，今回はきょうだいの視点からですが，実際にどのような関係なのかをインタビューで伺った内容をもとにまとめたいと思います。

■ きょうだいの関係

　親子の形態や関係がさまざまあるように，きょうだいの形態や関係にもさまざまあると思います。仲がとても良かったり逆にとても険悪だったり，また一緒に暮らしていたり暮らしていなかったり。中には，血のつながりがあったりなかったりする家族やきょうだいであるかもしれません。しかしそれでも「親子」「きょうだい」と呼びます。一般的に子どもの養育の主たる責任者・実施者は親（保護者）かもしれませんが，一生を考えた時には，ともに過ごす時間が長いのは，きょうだいのほうかもしれません。

　発達障害のある子どもの親で，「きょうだいに将来（自分が亡くなってから）発達障害のある子の世話をさせないようにしなくちゃいけない。きょうだい（の人生）には迷惑をかけないようにしておかないといけない」とおっしゃる方と今までに何人かお会いしました。きょうだいにはきょうだいの人生があるので，自分でいいと思う（発達障害のあるきょうだいとの関係を続けるか希薄にするかも含め）自分なりの人生を過ごしてほしいと願っている親は，少なくないかもしれません（もちろんきょうだいにお世話を託したいと考えている親もいるでしょう）。このことは，障害のある子をもつ親であるがゆえに感じることなのだと思います。障害のないきょうだいの親なら，「自分たちで好きなように生活したらいい」，中には「将来親の面倒をみてほしい」くらいに思うのでしょう。では，きょうだいは発達障害のあるきょうだいに対し，どのようなことを感じているのでしょうか。今までこのことについてあまりきょうだいの方とお話をしたことがないので，気になるところです。

　筆者自身のことを考えた時，きょうだいは生まれた時からいることが当たり前で，いることが前提で生活し物事を考えます。思い起こせば，幼いころは妹に対してひどいことを言ったし，ときには叩いたりしたこともありました。しかし今でも姉妹ですし，昔，こんなひどいとした姉でも「おねーちゃん」と慕ってくれます。お互いに生活を支えるということまではないですが，妹がいることで心の拠り所となっている部分もあります。筆者には異性のきょうだいがいないので分かりませんが，きょうだいが同性なのか異性なのかによっても，きょうだい関係の形態や濃淡は大きく変わってくると思います。

一般的に女性同士のきょうだいのほうが，男性同士，異性のきょうだいよりも関係が濃いのではないかと推測します。

　今回インタビューしたケースは，2例とも女性同士のきょうだいです（ケース2は第4章です）。では実際にどのような関係なのかをみてみたいと思います。

■ ケース1：発達障害（かもしれない）のある妹との関係

　姉のナオミさん（インタビュー当時41歳）に，妹サチコさん（インタビュー当時38歳）についてお聞きしました。お二人は，二人姉妹です。現在ナオミさんは結婚して家を出てご自身のご家族と暮らしています。サチコさんは現在自宅でご両親と生活されていますが，これまで派遣の仕事やアルバイトをいくつか変わり今に至っています。姉ナオミさんはこのような妹サチコさんに対し，数年前から次第に「妹には発達障害があるのではないか」と考えるようになりました。それは"発達障害"という言葉が使われ始め，テレビでも番組で放送されることもあり，一般向けの書籍も多く，簡単に手に入るため，その内容を読むと妹に当てはまるところが多くあったからです。サチコさんには何らかの発達障害の診断名はついていませんが，"かもしれない"といった視点で見ると，ますますそうだと思えてくるとのことです（正式に診断を受けてはいないので，"かもしれない"と表記しました）。

　ナオミさんには，姉妹が子どもだったころの妹の様子と関係を，姉の視点からをふりかえっていただき，また現在どのような関係になっているのかを話していただきました。

　（ナオミさん，サチコさんは仮名で，ご本人たちへのプライバシーへの配慮と，ご本人が特定されないよう，内容を一部変更しています。聞き手：筆者です。）

幼いころ

聞き手：サチコさん，小さいときはどんな子だと思っていましたか？

ナオミ：小さいころは特に。ただ私たちがどうこうと特に思わなかったんですけれど，幼稚園の先生とかによると，妹が同じクラスにいるよりは学年の下のクラスに行きたがって，で，いないと思って探しに行くと，年中だ

ったら年少の教室だったり，年長さんになっても年中，年少さんの教室に
よく行っていたって。該当年齢よりも下の子が好きというのはあったみた
いだし，どこかへ行っちゃうというのがあったということですよね。

聞き手：あっ，ふらふらっとね。

ナオミ：そう，ふらふらっとね。ただ，それで誰かとトラブルを起こすとか，
小さい子に何か悪さするとかそういうんじゃなくて，ただそこで遊んでい
る。だから精神年齢とかは多分同学年の子たちより幼かったのかなとは思
うんですけれど。やっぱりどこかへ行っちゃう癖はありました。

母親とかと買い物に行けば，「食料品を買ってくるから，このおもちゃコー
ナーにいてね」とか，「アイスクリームを食べて待っていてね」とか，よく
あるじゃないですかとか。そういうときも食べ終わったり自分が見終わる
と，どこかへ行っちゃうんですよ。それを止めていなければいけないとい
うのは結構ありましたね。

聞き手：お姉さんの役割として。

ナオミ：そう，そう，そう，そう，見張ってなきゃいけないというのは。

聞き手：そんなとき，どうでした，何か感じましたか？

ナオミ：変だとは思っていない。そういうもの。お姉ちゃんは下を見るもの
みたいな。小さい子はどこかへ行っちゃうんだって。

小学生・中学生のころ

聞き手：小学校の時はどうでしたか？

ナオミ：サチコがいじめられていたのを知っていました。要は忘れ物もよく
するんですよ。何かは忘れるし時間にも遅れる。朝は集団登校で私も連れ
ていくから，遅刻することはないんだけれど。ふらふらっといなくなるこ
とはないけれど，ふらふら気になるものがあると，そっちを見に行ってし
まったりとか，行動もゆっくりというか，ぱっとできないというのもあ
ったし。あと，その当時は班行動が主で，そのグループごとに忘れ物の数
だとか，小テストの点数だとか，給食の配膳のどうとかを，シールとか張
って競わせるようなのが多かったんですよ。で，サチコがいるせいでその
班は断トツに悪くなる，ほかの子がいくら頑張っても，サチコ1人でマイ
ナス10点とか下げてしまう。それでペナルティーで掃除をさせられたり
とか。学校もいじめになるようなシステムをつくっていたし。

聞き手：こういうこと，普通にありましたよね，この年代だと。

ナオミ：で，仲間内で助け合って伸ばしていけと表面上聞こえはいいんだけれど，先生が班に責任を投げてしまっていて。で，成績が悪い子は「おまえらが何とかしろよ」みたいな感じの。でも何ともならないんですよ。私が何とかしようとしたって何ともならないんだから，同学年に何とかなるわけがなくて。そしてサチコは結局いじめられて。やられているところも，サチコが泣いている姿も見ました。帰り道，男の子とかに田んぼに蹴られて落ちるところを見たので，私が追いかけたけどその子たちは逃げていきますよね……。

聞き手：そうですか。

ナオミ：そのことを担任とかに相談しにも行きました。そういうことがあっても，「やられるほうにも原因があるとは思わない？」って言われて，その犯人を捜そうとか，そういうことをしてはいけないっていうホームルームがあるわけでもなく。反対に私のほうが，「いちいちお姉ちゃんが首を突っ込んでくるんじゃない」みたいな感じの言われ方だったし。まして親が，そんな学校のことに口出しする時代ではなかったから，親が学校に相談に行くこともなくやられっ放し。だから現場を見たときには，私が「何をするの！」みたいに言ったけれど，それを言うと隠れてやられるようになる。陰湿化していくんです，いじめが。学年が上がってきたこともあるけれど。

聞き手：サチコさんに対してナオミさんがいろいろ世話や，守ってあげるということをされていたんですね。

ナオミ：しなければいけないと思っていたし，しなかったら，やられっぱなしになってしまうというのがあって。

聞き手：どうしてそうしようと思ったのですか？

ナオミ：かわいかったからかな。姉だから守ってあげなきゃいけないとか。あと，そのことを親に知られてはいけないみたいなのもあって。

聞き手：姉がこれだけ妹を助けているってことを？

ナオミ：違う，違う，やられちゃっているとか。

聞き手：なるほどね。親に心配をかけたらダメみたいな。

ナオミ：うん。それはそれでそういう原因とかあったら，またこの子はそれで親に怒られるだろうとか。特に父親はそういうどんくさい妹を，嫌って

いると思っていた，ずっと。うつ（のちの出来事，後述します）になった
ときに，「そんなことはない」と言っていたけれど，サチコもそう思ってい
たし，私も母も，父は妹のことが嫌いなんだってずっと思っていて，これ
以上，親子の関係を悪化させないために，いじめられていることとか足り
ないところとか，やらかしてしまった失敗を全部私がキャッチして，見つ
からないようにしなくてはというふうに思っていました。妹がやらかした
失敗を，私がやったと言えば怒られないというか，軽く済むことも。だか
ら，父はサチコがいじめられていたことも知らなかった。知ったら知った
でプライドが高いから父なりに，学校へ怒鳴り込んだり，またその相手の
家族を呼んでどうだこうだって騒ぎ出したり，先生に詰め寄ってとかいう
のがあるだろうから……。そうなると，結局やられるのは妹だし，学校と
の関係も悪くなるし，もうこれは外に置いておいて，私たちで何とか守っ
ていこうみたいな。

聞き手：ああー，そうか，トラブルを回避しなければっていうので，お姉さ
　　んがいろいろ先回りして動いていたのですね。

ナオミ：実際に起きたトラブルを見つからないように処理しなければという
　　のも。

聞き手：そう。えっ，それがもう小・中学校のときに？

ナオミ：中学は3歳離れているから，もうどうにも接点が持てないんですよ。
　　下校時間も違うから下校を守ってやることもできないし，でも，やられ
　　ているのは分かりますよね，持ち物を見たり，本人の顔というか，うん，何
　　かあったねというのは分かるんだけれど。

聞き手：そうやって常に。

ナオミ：ただ，「何かやらかしたときは，取りあえずお姉ちゃんに言いなさ
　　い」みたいな。

聞き手：ああー，お母さんみたいな。

ナオミ：何とかできることは何とかするっていう。

聞き手：気にかけていたんですね。

高校生になって

聞き手：その後はどんな感じだったんですか。

ナオミ：私が高校になると，さらに接点がなくなっていくじゃないですか。

聞き手：ああ，行く方向も全然違うし。

ナオミ：うん。そのころなんですよ。私が高校に上がったころだと思うんですけれど，妹も思春期にそれなりに入りますよね。

聞き手：うん，うん。

ナオミ：そのときに「私はお姉ちゃんの生まれた後の，かすの集まりなんだ」って。「お姉ちゃんがお母さんのおなかの中で，いいところを全部持って出ていっちゃった。私はその残りかすでできたから，こんなんなんだ。ばかだし，とろいし」みたいな。負の言葉ばっかり言うわけですよ。で，お姉ちゃんは全部持っていったって。

聞き手：それをサチコさんが。

ナオミ：サチコが言ったんですよ，私に。サチコが中学ぐらいです。私は高校生。すごいショックで，一回一回つくり替えられるんだから，そんなわけないだろうっていう説明をすればいい場面ではないですよね。子宮は一回一回変わるよみたいなことじゃない。そうじゃない感覚的な意味で言っているんだから，「ああ，そういうふうに思って生きてきたんだ」。私はかすだっていう自意識というか。「お姉ちゃんの残りかすで，みんなに迷惑しかかけない存在だ」みたいなことを，思春期らしいというか，言ってきて。どうすりゃいいんだというのがあって。「ああ，守り過ぎちゃったのかな」。

聞き手：できないからやってあげるというのが。

ナオミ：そう。全部やって尻拭いをして，この子が怒られないように少しでもいじめに遭わないように処理してきたし，先回りして，これはこうやれば失敗がないみたいにやってきてしまった。全部に手を出して，宿題ですら手を出してやってきてしまって，伸びる芽を摘んだのかもしれないとか。良かれと思ってやってきたけれど，自信をなくさせてしまったのかもしれないとか……。いろいろ考えて……一回離れようと。で，寮のある専門学校に私は高校卒業して入ったんです。そばにいれば絶対に手を出してしまうし，口も出してしまうし，またこの子が伸びようとする芽を摘む気はないけれど，私は先取って，やってしまうから，この子の自尊心というか，そういうのがこんなに低いのかもしれないというのがあって，一回離れて自分でやらなきゃいけない状況になったら，もっとピッとするというか，変わるのかなみたいな。

聞き手：離れてみてどうでしたか。効果というか影響とかは。

ナオミ：どうなんだろう，あまり感じなかったかな。離れていたっていって

も車で 30 分，普通に電車バスを乗り継げば 1 時間で行けちゃうから，週末は帰っていたんです（笑）。ただ，年齢的なこともあって，小・中学校ほど口出し，手出しはしないですよね。

ナオミ：その後サチコは就職して，私も就職して家を出ました。就職する時期が一緒になってしまったけれど。だから，その後は本当にあんまり接点がなく。月に 1 回会うとか，そんなになってしまうんで手伝うとかあまりない。うん，口出ししていないですよね，そのころから，ああやりなさい，こうやりなさいとか。

大人になって

聞き手：「サチコさんに，何かあるのかな」って思い始めたのは，何かきっかけがあったんですか。

ナオミ：「何か変だな」って思い出したのは，そういうのがはやり出したころです。

聞き手：10 年とか 15 年とか前ですか。

ナオミ：そうですね。私が結婚をした 25 歳のころかな。だからその，要は（仕事を）辞めたり，また就いたり，辞めたりというのを繰り返していたから，うすうす人間関係がうまくとれないんだなとは思っていたんですけれど。もちろんもう一緒には暮らしていないんだけれど，遊びに行ったり遊びに来たりして，愚痴っぽい「また職場でこういうことを言われた」だのいう話は聞いたりしていて。私が 27 で子どもを産んで，その後に旦那が転勤することになって。

聞き手：転勤で引っ越しということですね。

ナオミ：うん。ただ，何年というのがよく分からなかったし，2〜3 年っていう話で。そうやって夏と冬の 2 回ぐらいしか帰ってこられないよっていう話をしていて。私が赤ちゃんを連れているから，転勤先に母が手伝いに来てくれていたんですけれど，サチコの様子がおかしいって連絡があって，翌日帰ったことがありました。

聞き手：そうですか。

ナオミ：もう顔つきがおかしいし，呼びかけに反応しないというか，ぼーっとして，どうにもおかしいって父から電話があって。結局うつを発症したわけですけれど。私が転勤先に行かなければいけなくなったというのを知

った辺りから，ちょっと様子はおかしかったんだけれど。発達障害のおかしいじゃなくて，うつになっていく段階でおかしい。ぼーっとしていたり，食事も取れなくなったり，夜眠れなくなったりというのが。

聞き手：お姉さんが遠くに行ってしまうというのを聞いて，ちょっと不安になったのでしょうか？

ナオミ：それもあったし，そのころまた職場でトラブっていたんですよ。また総スカン状態をくって職場に行きづらい，誰もしゃべってくれないみたいなことを言っているのも重なっていて。あまり食べなくなってきていて，夜眠れていないみたいだし，「受け答えが上の空でおかしいよ」って母に言っていました。「そろそろ職場の状態がきついのかもしれないね，あの様子を放っておくのは良くないと思う」というのを，サチコがいないときに両親の前で言ったら，父がすごい勢いで「おまえは，いつもいつもそうやって甘やかして，あいつが頑張って仕事を続けとるんやで，それでいいんや」って。「嫁に行った分際で，いちいち口出しするな」ってすごい勢いで怒鳴られたから，もうそれ以上は言えないの。でもサチコの様子はおかしいんですよ。「いや，そういう問題じゃなく，もうあの子，おかしくなっているよ」って言いたかったんだけれど，「おまえがいちいちかばい立てするから」みたいに言われたから，じゃあ，もういいやと思って出て行ったら，すぐうつを発症してしまって。

聞き手：そうですか。

ナオミ：ただ，発症して気にはなるけれど，私も実家に帰るわけにはいかなくて……。すごく重かったんですよ，もう自分で何もできないぐらい。トイレにも行けない。じーっと正座して座っていて。「正座すると，足しびれるから伸ばしなさい」って言われれば，「はい」って言って伸ばす。全部受け答えが丁寧語で，他人みたいだし。「今日の昼，おにぎりとサンドイッチ，どっちがいい？」も駄目なんですよ。そういう単純な選択もできない。何が原因かよく分かんないけれど，職場での悩みはあったのはあったから，職場での対人トラブルらしいと報告だけして，結局，半年後に辞めることになりました。精神科にかかるのはしようがないし，入院させるかぐらいの勢いで病院に行っていたんだけれど。でもそれ，ちょっと葛藤しますよね。結婚もしていないのに通院歴ありになってしまうというところは。「でも，そんなこと言っている場合じゃないよ」って言って。だからお

かしいって言ったじゃんみたいな，こっちも怒り心頭ものだし。うん，何だろうな。それも私はサインを見てたのに，後手後手になってしまったみたいな思いは。

聞き手：そうですか。

ナオミ：それで，うつがあるという時点で強く言えなくなってしまった。サチコにとって耳の痛いことは言えなくなってきてしまったんですよ。でも生活改善できないところと，自分で気付いてやってくれたらいいなという項目がたくさんあるんです。「もう大人なんだし，自分でやっていかなければいけないんだよ」，「お姉ちゃんは，お父さん，お母さんが死んじゃった後に，あなたを引き取って身の回りの世話全部はできないよ」っていうことを言うんだけれど，聞きたくないことはほとんど聞かないし，わかったわかったみたいな感じになって。「じゃあ，これを片付けなさい」とかって言うと，その後に「何かもやもやする」って答える。「はあー!?」と思って，「そうやって言えば，もう言われないと思ってんの？」って言いたいけれど，これを言うとまた悪い方向へ行くと思って（笑）。

現在の様子

聞き手：現在はどうですか。サチコさんへの気持ちは。

ナオミ：かわいそうだなっていうのが一番かな。

聞き手：かわいそう？　どういう意味ですか。

ナオミ：さっきも話した「私は残りかすでできた，しようもない人間だ」発言から来ているんだけれど。

聞き手：その言葉って，今も引きずっている印象的なフレーズだったんですね。

ナオミ：うん。で，私，何のために生まれてきたんだろうって思うっていうのも，大人になってから言っていたし，生まれてきて「わあー，楽しかった」とか，「人の役に立てた」とか，「うれしい」とか，感じたことがないって。

聞き手：そうなんですね。

ナオミ：お母さんがね「生まれてきて幸せだったと思えない，何で産んだんだろうと思う」なんてことを言うから，長生きしてほしいとかは全然思わなくて，一回でもいいから「生まれてきて良かった，私，楽しかった，幸

せだった」って思ってほしいというのが一番の願い。生まれてきたことを肯定してほしい，サチコに。

聞き手：なるほど。そういうふうに思えないからかわいそうだなと。

ナオミ：かわいそう。そういう幸福感が全くないわけですよね，今まで。自分がやりたいことを何か達成したとかいうのもなければ，いつも何かやり始めてもトラブって途中で終わるパターンですよね。

聞き手：そうなんですね。今の関わり方としては，かわいそうだっていうことから，生まれてきて幸せだったなと思ってほしいっていう感じなんですかね。

ナオミ：思ってほしい。そのために私はどういう受け答えをすればいいんだろうと思って，そういう講座へ行ったり心理学部の講座に行ったりして，サチコがいい方法を自分で見つけるというか。こうしなさい，ああしなさいじゃなくて，サチコ自身が満足できるというか，納得できるというか。それで褒められるというのかな，認めてもらえるかな？

聞き手：うん。

ナオミ：今は何をしても怒られることしかないので。最近は親の言い方もイヤミになっているの，もうわかりますよ。親の気持ちもわかるんですよ。毎日毎日のことをどれだけ言ってもやるようにならなくて，しかも言ったら言ったで，もやもやするって言ってみたり，ぷりっと怒ってみたり（笑）。双方にとってストレスの元なんです，一緒にいることがね。でも，かといって彼女の手取り 10 万もない給料で外には出られないし。

聞き手：うん，そうですよね。

ナオミ：うちにも事情があるからサチコのことばっかりも考えていられないし。できればうまい感じの促しによって，自分で自分のことをやっていってくれるようになってほしい。それで少しは自信を付けて，生まれてきて良かったと。

聞き手：大きなことを望むわけじゃないけれど，最低限のちょっとした幸せ感と自分の生活ができるっていう。

ナオミ：うん，自分のことは自分でできてっていう。でも，できていると思っているんですよ，サチコは今でも。家の中のことをするのはお母さんの仕事だというふうな考えがどうしても抜けないんです。どれだけ説明しても抜けないんですよ。

聞き手：そう，そう，うん，うん。

ナオミ：両親がどこかランチに，2人で行こうとすると，必ずついて行くと言って。もちろん両親のおごりで。2人で行きたいんだっていうのが分かってもらえないし，「何で私が出さなきゃいけないの」というのにも説明するんだけれど，分からない上に怒り出すんですよ，「仲間外れにしている」と言って。

聞き手：そういう人，結構多いですね。

ナオミ：だから，そこを変えられれば，自分でやらなきゃいけないと思ってくれるんだろうけれど，全然変わってくれないんですよ。だから，結局「これは自分でやろうね」って言って，「うまくできたじゃない」とか「自分でできるじゃない」と褒めて。そのときは喜んでも，2回目がないんです。

聞き手：なかなか長続きしない。

ナオミ：全くです。

聞き手：そこは困っているところ。

ナオミ：困ってる。毎日言うのも指導するのも，もうお母さん「疲れた」って。「もうトラブルなく済んでいくんだったら，もう死ぬまでやるよ」みたいなことも言っていて。「死ぬまでやられるとね，それを引き継ぐ私，大変なの」っていう話をするけれど，あんたが大変なのはよくわかっているから，お母さんが死ぬときにあの子を連れていくと言って。「それはもっと困るから」って（笑）。でも，そういうことを一時期すごく言っていて，「あんたたちにまでには迷惑はかけられん」というのを。

聞き手：そういう心境になるんですよね。

ナオミ：言っても，「最近眠れない，あの子のことを思うと夜が眠れない」って言って，一時期ちょっとうつになりかかっていて。

聞き手：ああ，お母さんも。じゃあ，この家族はナオミさんがいないと，今の状態がキープできていないところもありますよね。

ナオミ：どうなんだろう。でも，そんなにしょっちゅうは行っていないですよ。

聞き手：でも，客観的にはそう見えます。

ナオミ：ガス抜きはしに行くっていう感じです。ガス抜きはしに行って，ちょっとネガティブな感じになっているのを，いいからいいからっていう。

ナオミ：両親とサチコの関係は，あんまりうまくできていないから，姉がそ

こに行って，その関係をちょっと客観的に見るみたいな。で，意見を言うとか修正するとかっていう役割ができているのかなって。まあ母の愚痴を聞きつつ，「そういう子なんだからしようがないのよ」っていうのを（笑）。母親は母親だし，ずうっと見てきているから，私と，私がこういうふうな子だと思うって言うのは受け入れていて，「言ってもわかんないんだよね，長く覚えていられないんだよね」って口では言います。「でも，腹が立つの」って。

聞き手：そうですね。

ナオミ：でも，父は「あの子はね，そういう子なの」って言っても，やっぱり受け入れられない。「そういう子だって言って，そういうままにしておいたらどうもならんやないか」って，「くずのまんまだ」みたいな感じの。「サチコに合ったアプローチの仕方があるんだよ」とは言ってみるけれど，まあね，父を変えることはできないので，私が何とか，アプローチしていくしかないかしら（笑）。

ケース1のまとめ

　このケースでは，姉が妹と家族や学校の間に入り，それら同士の均衡を保つためにさまざまな配慮をしながら立ち回っていることがわかります。それは幼い頃から今に至るまでその役割は続いています。

　ナオミさんの言葉にもありますが，根本にあるのは「妹のことをかわいいと思っている」ことだと思います。幼い頃は妹が変わっている子という認識はあまりなく，姉としてのふるまいをしようとしていました。その後妹に発達障害があるのでは？ と疑いながらも，そんな妹を理解しよう，迷惑をかけてる妹だけどそれでも幸せだと感じてほしいと願っています。

　もし両親が，妹の方ばかりに気がいってお世話に時間をかけていたらこのような状況は変わっていたかもしれません。「どうして妹ばっかり！」という感情にもなったかもしれません。しかしこのケースではどちらかというと理解が十分されてなかったせいか，妹は責められることが多く，不憫に感じることもあったのでしょう。子どもとしては両親の気分が悪くなる，家族の状況が不安定になることは全く望みません。ですから，そのような状況を少しでも回避しようと潜在的に感じたのかもしれません。

第4章

発達障害のあるきょうだいとの関係：きょうだいの視点から「妹の巻」

はじめに

　第4章も第3章に続き，発達障害のあるきょうだいとの関係を，発達障害のないきょうだい（第4章は妹の立場）の視点からみてどのように感じているかについて考えていきます。

　第3章のケース1では，姉が（発達障害があるかもしれない）妹と家族や学校の間に入り，それら同士の均衡を保つためにさまざまな配慮をしながら立ち回っていた様子がわかりました。その行動の根底には「妹のことをかわいいと思っている」気持ちがあり，妹を理解しよう，妹には幸せになってほしいと願っている姉の姿がありました。

　さて，今回のケース2は発達障害（かもしれない）のある姉との，妹から見た二人の関係です。前回と同様，インタビューをもとに記載しています。

ケース2：発達障害（かもしれない）のある姉との関係

　妹のクミさん（インタビュー当時30歳）と，姉のアツミさん（インタビュー当時33歳）には弟がいて，3人きょうだいです。現在クミさんは結婚して遠方に住んでいます。またアツミさんは自宅で両親と一緒に暮らしています。アツミさんは短大卒業後就職，その後海外留学したり，いくつかの仕事に就いたり，大学へ編入するなどの経験があります。

　ケース1と同様，クミさん，アツミさんは仮名で，ご本人たちへのプライバシーへの配慮と，ご本人が特定されないよう，内容を一部変更しています。
聞き手：筆者です。

小学生のころ

聞き手：小さい時はどんなきょうだいでしたか？

クミ：ちっちゃいころは，どの思い出の中でもたいてい優しいし，すごく頼れるというお姉ちゃんだった。

聞き手：例えば？

クミ：私は小1から小2にかけて，すごい忘れ物が激しい上に，靴下を脱ぎ忘れて学校から帰っちゃうような子だったの。鍵盤ハーモニカの笛の口の部分を忘れて帰ったりとかして，怒られたりとかしてて。靴下を廊下に脱ぎ捨てて帰ったとき，全校集会で先生が「これは誰のですか」と言って，靴下をぷらぷらっとして，持ち主を捜すのね。自分で落としたくせに恥ずかしくてあまり言えないけれど，代わりにお姉ちゃんが取りに行ってくれた。いつも「クーちゃん，これ，クーちゃんのじゃない？」みたいな感じで自然に取りに行って，それがあまり恥ずかしいとか思わないのか，でも私にとったらいいお姉ちゃんだったのを覚えている。それと，他の子たちはある子に悪口を言ったり，いじめたりとかしているのに，お姉ちゃんは全然そういうことをしないからちょっと違うというふうには思った。あとは，お姉ちゃんって怒ったりとかしない人で，ちょっとふざけても「駄目だよ」ってたしなめるだけだし，わからないことがあったらちゃんと教えてくれるしという感じで，だからすごくいいお姉ちゃんだったという思いが強いかな。小学校時代は，お姉ちゃんが生徒会長をやったりとか，あと優良子ども賞というのとか。

聞き手：健康優良児みたいなの？

クミ：そう。表彰をされたりとかして，ちょっとだけ有名だったから，その子の妹という位置づけでずうっと過ごしていて，まだそんなに自分も何か，自分が何かとかというのもあんまり考えなかった，お姉ちゃんの妹というのが私なんだと思っていたような気がする。

聞き手：じゃあ，結構すごいお姉ちゃんというか，尊敬できる，ちょっとうらやましいというか，そんな感じ？

クミ：うん，うらやましいところもあったし，多分子ども心に尊敬していたんだと思う。その後，お姉ちゃんが高校に入る前までは，優しくて，いろいろできて尊敬できるお姉ちゃんという思いが強かった。高校に入ってか

ら変わってしまったように感じて，そのときにちょっと自分の考えが変わったのかもしれない。

妹が中学生になって

クミ：私が中1でお姉ちゃんが高1。仲はお姉ちゃんが高校へ入ってからも，しゃべるし，けんかもしないし，いいお姉ちゃんだった。お姉ちゃんは高校に入って，ちょっと髪の毛の色が茶色くなって，で，お姉ちゃんの部屋に遊びに行ってもちょっと距離を置かれるというか，「クーちゃん，いつ自分の部屋に戻るの？」みたいな感じになって，少し距離ができたような気がして。高校以降に，私とお姉ちゃんの関係がすごく変わったわけではないけれども，お姉ちゃんがバイトをするようになったり，あんまり笑わなくなったし，ちょっと距離を置いてほしいんだなと感じるときがあったりして，それは少し寂しかったけれど，ただ，自分も中学生で新しい人間関係もでき始めて，そんなに気にならなかったかな。

聞き手：お互い大人になったのかな。

クミ：前みたいに学校から帰った後，お姉ちゃんの部屋でごろごろしたりということはなくなったけれど，それはお姉ちゃんが勉強もあるし，バイトにも行かなきゃいけないし，邪魔しちゃいけないと思っていたと思う。だから，そんなに……高校のときに仲が悪くなっていたかということはない。

聞き手：家での様子はどうだったの？

クミ：よくお父さんとお母さんが心配していたの。あと，何か怒られるときの矢面に立つのはお姉ちゃん，で，私は何が起こっているのかわからないままいつも通り過ぎるみたいなことが多かったかな。お姉ちゃんが，後から考えるとかばってくれたのかもしれないこともあったけれど，そんなに何というか，筋が通っていないこともたくさんあって，お姉ちゃんの中で正しいけれど，筋が通っていないということもあったかな。

聞き手：両親とお姉ちゃんの間で納得がいかないトラブルってあったの？

クミ：お父さんとお母さんが，何で，そう，「ちゃんとやらなきゃ駄目でしょう」って，怒ると，お姉ちゃんが，もう何か，「でも，これはこういうふうにしたほうがいいんです」みたいな，自分の論理を展開して，それが両親に受け入れられなくてけんかになるというパターンは多かった。宿題のこともそうだし，部活のこともそうだったかな。「起きなさい」「目が覚めな

かったんです」とか，「ここの高校へ行きたい」「そこはもう先生に無理だって言われているでしょう」みたいなやりとりで言い合いになったり。

聞き手：それだと学校での見ている姿と，家ではまたちょっと違う感じ？

クミ：うん。ちょっと違う感じだったかな，今思えば……。

聞き手：そこの違和感ってあったの？　学校ではみんなから認められているお姉ちゃんだったけれど，家では両親と言い合いをしているお姉ちゃんみたいなところで。

クミ：それは，あんまりなかった。というのは，お姉ちゃん自身は同じように振る舞っているから。学校で生徒会長をやったりとか，すごい面はあったとしても，何かどこか抜けているところがあって，それが「アツミか，アツミの妹か」って言われることも時々あったから，面白いキャラみたいなので通っていたところもあったのかなと思う。

聞き手：なるほどね。お姉ちゃんを尊敬していたけど，一方で完璧な姉じゃない面もあるんだなというのを何となく感じていたわけなのね。

クミ：うん，それはあった。

聞き手：家ではそういう何となくのところもすごく出ているから，あんまり違和感というのがなかったわけね，全く家と学校の姿が違ったわけじゃないね。

クミ：いつも思っていたのは，自分が中学生ぐらいになったときに，自分がどういう大人になるのかわからない，想像がつかないというのもあるけれど，それ以上に，お姉ちゃんがどういう大人になるのかが全然想像がつかなかった。なぜかというと，いつもビッグになるとか，何か社長になるとか，海外で働くとか，いろいろ夢のあることをたくさん言うけれど，体力がなくて，学校から帰ったらずうっと寝ていたし。だから，何かアンバランスさみたいなのは感じていた。

聞き手：ふーん。

クミ：でも，何というか，お姉ちゃんがとても優しいし，ずるさもないから，それがどういう大人になるのかというのは思っていた。

聞き手：ずるさがないというのは，どういうこと？

クミ：ずるさがないっていうのは，「人の悪口は言いたくないんです」とか，ちょっとした両親の話がかみ合わないところを見つけて，「それはおかしいんじゃないか」って言って直そうとするとか，そういう意味でずるさがな

い。あと，自分は何かやりたくても，現実体力がなくて寝てしまうとかというのも，彼女の中では何も悪いことだって思っていなくて，別に寝ていても夢はかなえられるって本気で思っているとか，そういうことかな。

妹が高校生になって

クミ：お姉ちゃんが大学に入ってからのほうが，何だかおかしいって思うことが多くて。

聞き手：お姉ちゃんは地元の大学だったの？

クミ：お姉ちゃんは遠くの短大。

聞き手：じゃあ，家からは出ているということ？

クミ：1回出た。で，短大に入って自治会と言っていたかな，の会長をやっているんだという話とか，そこで成人式の着物のレンタル会社と自治会が癒着しているといって，その不正を暴いてしまって……。それからはクリーンになったらしいんだけれど，お姉ちゃん，いわく。そんなことってあるのかなと思って，そう，お姉ちゃんの話はびっくりするんだね。あんパンだけで生活しているとか，遊びに行ったら，ごみ袋の山が玄関に高く積み重なっていたとか。あと，自分で何か家賃が3万円ぐらいの下宿に，親がもっといいところに入ったほうがいいと言ったけれど，「そこがいいんです」と言って入ったけれど，シャワーが外で，一回部屋を出て共同で入るようなところで，そこで全然順番がわからなくて待たされるとか，経験したことないから未知数だというのと，本当にその話はあるのかというのと，何かすごく複雑な気持ちが入り交じっていた。

聞き手：何か離れてみて，どんなふうに思っていた？

クミ：離れてみて……姉が短大，自分が高校のときは，姉に対しては母が結構ヒステリックだったから，いなくなったことで私が母親と直接向き合ってちょっとつらかったのはあるけれど，でも前みたいな暴走ヒステリックがなくなったから，お姉ちゃんは外に出て良かったのかもなんて思ったかも。

聞き手：それは，お母さんとお姉ちゃんとの関係が離れたから，お母さんがちょっと落ち着いたかなということ？

クミ：うん。

聞き手：自分とはどうだったの，離れてみて。

クミ：離れてみて，そのころにはお姉ちゃんの存在ってちっちゃくなっていたから。でも，たまには戻ってきてくれたほうがいいなと思っていたけれど，あんまり寂しいという感じにはならなかったかな。結構希薄になったんだと思う，その時期にお姉ちゃんとの関係が。

聞き手：距離ができた分，ちょっと気持ちも遠くなってしまったという感じ？

クミ：うん。お姉ちゃんは自分の生活があるし，自分は自分の生活があるし。でも，何か困ったこと，特に進路のこととかで困ったことがあると相談していたと思う。困ったときには，「どう思う？」と相談していたし，何かつまずいたとき，「考え方って，こういうふうでいいと思う？」とか相談していた。

聞き手：尊敬するというか，頼りにするというところはまだ残っていたわけ？

クミ：うん。

聞き手：でも，両親との関係があまりうまくいかないときもあるから，離れてよかったとも思ったり。でも，妹としては，たまに相談をしたかったり。

クミ：何だろう，家族だから，帰って顔を見られるとうれしいという，そういう感じ。

お互い大人になって

アツミさんは短大卒業後就職，退職して海外留学しそこで就職，そして帰国しいくつかの仕事をしながら有名大学に編入するなどした。仕事先では，トラブルを起こして退職することを繰り返していたということでした。

聞き手：お姉さん結構有名なところに就職しているよね。

クミ：そうなの。何かすごいミラクルな力を発揮してすごいところに就職したり，何か発表ですごいのをしたりとかというのが多分彼女の才能で，有名大とかも編入できちゃったりとかするから，すごいと思う反面，何かアンバランス，いつも。何というか，こういうことができるけれど，その後が続かないとか，課題をほかにクリアできないとか，生活がままならないとかというところでアンバランス，あと人間関係で必ずいざこざが起こる。

聞き手：人間関係がうまくいかないのね。

クミ：一番は人間関係だろうね。初めはいいんだけれどね。仕事のやり方に対してこうしたほうがいいと思うと，それを提案するの，たとえバイトで

あっても。例えば「シフトの管理の仕方はこういうのじゃよくないと思うんです」と言ったり。あと「ソフトを使って会計管理をしたほうがいいと思うんです」と言って，実際に「じゃあ，やってみたら」といわれて動かしてしまったりとかするけれど，それでうまく関係が行っているときはいいんだけれど，ちょっとお姉ちゃんの言ったことが通らない人っているんだよね。そういう人がいると，"何か悪口を言われている"とかになってしまうことが多いみたいだね。

聞き手：そうなんだね。

クミ：そういうすごい能力を遺憾なく発揮する仕事があれば一番いいんだけれど，人間関係でつまずくから，だから何か余計に家族はさ，期待と失望が入り交じるんだね，いつも。

聞き手：人間関係って例えばどんなことでつまずくの。

クミ：つまずく内容は……その現場に，私たちがいるわけじゃないからわからないんだけれど，少なくとも症状が出ていたときには（後述），全然知らない人がしてるひそひそ話がすごい気になってしまって，「あの人が私の悪口を言っている」って。で，何かハラスメントを受けているって自分で思ったんだと思う。別の会社の時も，シフトを完璧につくり上げたりとか自分の能力をアピールして，それを何かわかってもらいたいという，それをやったら受け入れられるだろうって本人は思っているけれど。

聞き手：そんなことをしちゃったら，逆にみんなから困られるというのがあまり理解できなかったのかも。

クミ：そう，そう，そう，という発想が多分ないから，それが多分一番なんじゃないかな，と思う。

　徐々にアツミさんの言動が家族やクミさんを巻き込むこともあり，言動がおかしく感じられてきて，何らか精神科の病気があるのではないかと疑うようになってきたという。

聞き手：何か診断はあったの？

クミ：初回では診断しないんだって。だから診断はなかった。統合失調症ってしっかりとは，1回言われているか，言われていないかぐらい。「疑われる」とかって言われたくらい。ちゃんと診察をさせたいけれど，できない

からずうっとこの状態で困っているんだよね。

聞き手：クミさんが大学に入ったぐらいから，お姉さんのいろいろな動きに振り回されている？

クミ：そのとおりだね，振り回されているよ。

私は1，2回付き添ったのかな，通院先に。あとは，お母さんと一緒に2回ぐらい行って，あとは自分で行っていたけれど，本人は「"あなたは病気じゃない"と言われた」とか言って帰ってきたりもするから，わからない。精神疾患でなければ発達障害とかじゃないかと思うけれど……。引っぱってでも連れていって，何としてでも通院を続けさせればよかったって後悔していたけれど，ちょっと時間がたってみると，何か症状が出ているけれど，やっぱりあれ以上の強要というか，何か，「行ったほうがいいよ」ということをさらにすると，もっと関係が悪くなっていたかもしれないから……。

聞き手：小さいときからの話を聞くと，お姉さん，発達障害っぽい感じがするよね。

クミ：うん。やっぱりそうだよね（笑）。何か引っかかるところって，何かちょっと人と違うみたいなところで「あれ？」って思ったりとかはしたけれど。でも，それが悪いこととかではないからさ。

聞き手：うん。

クミ：そのままだったわけだけれど。でも，結果的に職場でのストレスにつながったのかもしれないね。適応はできないということだからね。

　その後，いろいろなことがあり，クミさんはアツミさんの言動が一つの原因で，自分の結婚を諦めざるをえないということがありました。

クミ：いつだったかな……，私もうさ，諦めたんだよね，途中で，分かり合えないんだろうなって。何かずうっとさ，病気だと思って，お姉ちゃんが言うことを我慢してきたんだけれど。

聞き手：ずうっと？

クミ：ちいさいころは別に全然ないんだけど，海外から帰ってきてからは結構我慢して，あんまり傷付ける言葉も言わないようにして。何か言われても我慢しなきゃと思っていたし。

聞き手：うん，それは何で。

クミ：お姉ちゃんが，恐らく病気だろうからストレスをかけちゃいけないというのと，ここで私が追い詰めちゃったら……。お母さんとは基本けんかしているから，お父さんはお姉ちゃんのことを聞くんだれど，お姉ちゃんはお父さんに暴言を吐いたりとかするの。

聞き手：うん。

クミ：何か対等に同じ目線で話しているってお姉ちゃんが思っているのが私しかいなかったから，多分ここで変なことを言って傷付けたりとかしたら，多分追い詰めると思ったんだよね。

聞き手：ふーん。

クミ：多分追い詰めると悪くなるから，言えないと思って言わなかったら，何かだんだん変な方向に行って……。例えば「電車に乗るのが怖いから協力してくれますか」は，「うん，いいよ」と行けたんだれど，「会社を立ち上げようと思います。協力してくれますか」とか，「裁判を起こそうと思います。協力してくれますか」という話になったときに，それは「うん」と言えないことがたくさん出てきて，それは説明してもわかってもらえなくて，わかってもらえない上にお金をくれという話になったから……。

聞き手：今は，お姉さんは家にいるんだっけ。

クミ：家にいることもあるし，近くに借りたアパートにいることもあるという状態だと思う。私からお姉ちゃんのことを親に聞かないし，親も話さないようにしているからわかんないね，正確なところは。なぜ話さないようになったかというと，親が私に話しても，私が気にするだけでもう何もできない，もうしないとなったし，聞いても手出しができないからしないとなった。実は（現在の）結婚するときに，籍を抜いて分籍してから入籍したんだれども，もうそうやって戸籍をたどられないようにして，お互い情報も入れないで，一生関わりのないように生きていけるようにしておいたほうがいいねということになったの。

聞き手：そっか，難しいね。

クミ：うん。大変だったし，これはお姉ちゃんのせいじゃないって，何か自分にすごい言い聞かせていたから，ああ，逆に言えばお姉ちゃんのせいにしたいというふうにも思っていた時期もあると思う。何がうまくいかないのが，自分のプライベートがうまくいかないのは，やっぱりお姉ちゃんに

原因があるって思ってしまっていたから，お姉ちゃんと積極的に関わるのはちょっと難しかったね。もう，お姉ちゃん自体をいないことにしたいって思うぐらいに追い詰められていたし，本当，正直そうやって思ってしまった時期があった。

聞き手：そんなふうに思っていたんだね。

クミ：けれど，いざ，前の彼と別れた後は，何だかすごくすっきりして……。やっぱり，ちゃんとお姉ちゃんと向き合ったほうがいいんじゃないかって思った時期もあった。お姉ちゃんを，恨むとかという感じにはならなかったけれど，いつも何か心の中で"できもの"みたいな。何をしていてもずうっと気になって，ずうっと気になっていて，何か心の底から大声で笑えない何かみたいな，何かそういう感じでずうっとそう。

聞き手：そうか，そのころは，つらかったよね。

クミ：うん。もうまともにお姉ちゃんを励ましたりとかはできなかったね。「大丈夫だよ，お姉ちゃん」「何か焦らずゆっくりで行こうよ」という余裕が全くなくなった時期でもあったね。

聞き手：人に構っているような余裕はなかった。

クミ：うん，なかった。前後して，私が家族の裏で全部手を引いている主犯格なんじゃないかってお姉ちゃんが言い出したから，余計に気持ちが離れてしまったというところがあるかね。

聞き手：そっか。

クミ：そうなんだよ。だけど，自分のその気持ちが離れる，お姉ちゃん，無理だって思うきっかけの一部にはなったかもしれないね，この前の彼とのことがね。

聞き手：じゃあ，何か仕組んでいるみたいなことを言われたときは，どうだったの。

クミ：もう何か失望というか，絶望というか……「えっ？　一体今まで私が自分の気持ちを抑えてやってきたことって何だったんだ」ってなって，何か取り返しのつかない一言を言われたような気分だった。

聞き手：そっか。

クミ：うん，変な話なんだけれど，別に，相手のご両親に認めてもらわなくても，いいよって思っていったんだ，私。

聞き手：ふーん。

クミ：時間が解決するかもしれないし，そうじゃないかもしれないけれど，でも，少なくとも彼は，ちゃんと一緒にいてくれるからいいやって思えたし。だからここで別れていないんだよね，とも思った。ただ，ほら，意固地になっていたからさ，そんな私が，お姉ちゃんのせいで別れるっていうセオリーは絶対あり得ないし，嫌だった。それを誰かに説明するのも絶対嫌だった。

聞き手：何もなかったかのように，幸せになりたかった？

クミ：うん。全部自分でした決断なんだというふうにいつも思っていたかった。

妹クミが感じている姉アツミとの関係

聞き手：最近はお姉さんのことをどう思っているの。

クミ：最近は……これだけずっと距離が離れて時間もたつと，前みたいな重苦しい感情はないね。ただ純粋に今後どうしていけばいいのかなと思う。もう何か，それこそ一時期のときの，お姉ちゃん自体全部なかったことにしてほしいとかいう気持ちはもう全然なくて。元のお姉ちゃんみたいにしゃべれるのが一番いいけれど，もうそれは無理なのはよく分かるから，せめてあんまり苦しまずに生活してほしいって思う，うん，そんな感じ。生きているだけでね，多分，生活するだけでもいろいろ仕事をしようと思っても，うまくいかなくて大変とかね，そういうストレスで大変なんだろうから。何かもうそれ以上のことも，それ以下のことも考えられない，何か好きとか嫌いとかもあんまり考えられないかな。何か感情を挟むと逆につらいから，平和に生活していてほしいという以外は何も。

聞き手：妹としてはどう？　例えば，弟と比較してみたらどうなの。お姉さんへの，きょうだいとの何か感情というか。

クミ：そうだね……お姉ちゃんは別人になってしまったという感じ。だから私が知らない人なんだろうな，って思う。ただ，昔のお姉ちゃんがもし残っているんだったら，平和に暮らしてほしいって思う感じ。基本は，別の人という感じに思える。

聞き手：ふーん。

クミ：それもきっかけがあってね，メールをもらったんだ。

聞き手：お姉ちゃんから？

クミ：うん，お姉ちゃんが，多分調子が良かったときに，「私の紹介する人とお見合いする気はありますか」みたいなメールが入ってきて，で，私は「付き合っている人がいるから，結構です」というメールをしたんです。そうしたら，「自分が苦しんでいるときに散々遊んでいたんだね」というメールが返ってきて，そのときに，何だかもう全然知らない人に思えて。

聞き手：うん。

クミ：多分この人に一生何を言っても無駄なのかなって思って。でもあまりに悔しかったから，メールで「金輪際こっちからは連絡をしない」って入れたんだよね。何か心の縁が切れた感じ。

聞き手：そっか，そんなことがあったんだ。じゃあ，今は全然，姉と思っていない？　きょうだい関係というよりも他人という感じ？

クミ：そうだね，昔のお姉ちゃんとは全然一緒に思えないから，別人って思っている。

聞き手：うん，別人。

クミ：うん，別人だね。法律的な責任が発生することはわかっているけれど，扶養とかね，それは，そのときにまた考えることになると思う。

聞き手：複雑だね。

クミ：うん。距離を置き過ぎて，今のお姉ちゃんがわからないというのもあるし，一番悪かったときのお姉ちゃんの状態で，連絡を遮断しているから，だから別人という気持ちが強いのかも。

聞き手：感情も遮断しているみたい。

クミ：お酒を飲むと，たまに思い出して，お姉ちゃんかわいそうって思ったり，自分がつらいって思ったりとかすることはあるけれど，普段はない。

聞き手：思わないようにしているんだ。

クミ：多分，そうなんだと思う。じゃないと何か普通に生活ができないんだと。

聞き手：自分のその平穏を保つための方法？

クミ：うん。心の平和を保つためにそうしているんだろうな，きっと。

聞き手：そっか。

クミ：多分もともとさ，自分の心の汚い部分をあんまり見たくない性格だから，そういうところを，蓋をしておきたいみたい。普段はお姉ちゃんに対する気持ちを，蓋をしているけれど，何かのきっかけで，わーって，変な

ところで出たりとかしているのかなって，時々。

聞き手：お姉さんとの関係って，感情，考え方，生活に結構やっぱり影響して
　　　いるよね。もう他人になっちゃったって思っても，結局他人じゃないわ
　　　けでしょ。それは自分が何かそういうふうに思おうとしているだけで。

クミ：うん，うん，と思う。

聞き手：うん。だって，もし他の人の似たようなケースを見たら，結局そこ
　　　にお姉さんを見ているわけでしょう？

クミ：うん。そうだね，本当は，多分逃げたいけれど逃げられないところで
　　　心の平静を保つためにふたをしているだけの状態かもしれないね。

聞き手：うん，そうか。じゃあ，2人きょうだいだったらどうだったと思う？
　　　お姉ちゃんがいなくて弟と2人きょうだいだけだったら。

クミ：弟と2人きょうだいだったら……。ちっちゃいころ，お姉ちゃんにい
　　　ろいろ助けてもらったり，遊んでもらったりとかしていたというのが全部
　　　なくなって，それが自分の役目になるということだから，もっと大変だっ
　　　たろうし，何かもっと心の自由はなかったのかもしれないと思う。

聞き手：ああ，姉として弟に何かしてあげなきゃみたいな。

クミ：うん，という感じになったと，多分ね。お姉ちゃんなりにちいさいこ
　　　ろ，頑張っていたんじゃないかなって思うことは，後から考えるとあるか
　　　らね。

聞き手：じゃあ，お姉さんがいてよかった？

クミ：うん，いてよかったと思うし，今もやっぱりいてよかったと思う。

聞き手：どんなときに？

クミ：いてよかったって思うのは，それこそ今の職業選択のときもそうだし，
　　　家族関係もそうだし，いろんなことが何というか，いろんなことを，お姉
　　　ちゃんを見ているから，何か大切にしようと思える。お姉ちゃんの存在自
　　　体も，何かそれもそれで社会の一部みたいな何かある，家族の一部かな？

聞き手：うん。

クミ：お姉ちゃんはお姉ちゃんで何か意味があるような気がする。

聞き手：うん。

クミ：うん。でも，何かはよくわかんないし，お父さんとお母さん，それで
　　　お父さんとお母さんという役割を一生脱がないというか，それも1つの形
　　　だったりとかするのかなと思うところもあるし。でも，何かよくわからな

いね，何でって言われると。

聞き手：ふーん。

クミ：何でなんだろう。でも，そうだね，いてよかったって思うね，何でだ
　　ろうね。

聞き手：じゃあ，違うお姉ちゃんだったらよかった？

クミ：ああ，そう考えたことなかったね（笑）。普通のお姉ちゃんだったら，
　　もっと楽ちんだったような気がする，いろんなことが。だけど，それはあ
　　んまりきっと意味がないのかもしれない。何というか，そこに何かがある
　　のは何か意味があってあるんだろうから，きっと何か次にうまくいくため
　　に今の状態があるんだろうから。だから，多分いいんだと思う，このまま
　　で。

聞き手：うん。

クミ：うん。もっと，もっと普通の状態のお姉ちゃんだったら，お姉ちゃん
　　が幸せだったらそのほうがいいのかもしれないけれど，だからといって，今
　　のお姉ちゃんがなくなるというのも変な話で。うん，いいんだと思う，多
　　分そのまま何か次のステップにつながるために，あの人は今ああなってい
　　るんだと思う。でも普通に戻ってくれたらよかったなというのは，もうも
　　のすごい，何回も何回も。

聞き手：小さいときのお姉ちゃんということ？

クミ：話が通じるお姉ちゃん，小さいときに戻らなくてもいいから，話が通
　　じるお姉ちゃんに戻ってくれたらいいなって。うん，うん。何かもう別人
　　だけれど，別人だと割り切っているけれど，多分あの人は私のお姉さんと
　　いう感じ。

ケース2のまとめ

　このケースでは，姉にふりまわされる妹が，姉と思いたくないこともあっ
たけどやっぱり姉は姉なんだという，生まれながらにしてきょうだいであっ
たことを自分なりに受け入れようとする様子がわかります。もしも誰かのせ
いで自分の結婚がうまくいかなかったことになったら，とても怒り，憎むこ
とでしょう。しかしこのきょうだいの場合，妹は「姉のことちゃんと向き合
わなければ」と感じています。この台詞を聞いて，何か胸が締め付けられる

想いでした。きょうだいって，いったいどういう関係で結ばれているのだろうか……。

　ケース1，ケース2を通じて，きょうだいがなんらか障害があるかもしれなくても，一般のきょうだいと変わりがないだろうということが読み取れました。そもそも一般のきょうだいというものがないので，これも一つのきょうだいの形なのでしょう。もしかしたら，障害がないきょうだい同士よりも，トラブルが多く起こるかもしれない分，お互いのことを深く強く考えているのかもしれません。そのたび，怒ったり，イライラしたり，がっかりしたり感情的になることも多いでしょうが，きょうだいの縁が切れることがありません。きょうだいと生まれた現実を当たり前のように受け入れ，共に成長していく……そんなことを感じました。

発達障害のある子どもの友だち関係

はじめに

　第 5 章は，友だち関係について考えていきたいと思います。発達障害に関する領域において「友だち」は，さまざまな書籍でも取り上げられており重要なテーマの一つです。「友だち」という単語は，パース（PARS-TR：発達障害の特性について評定しニーズについて評価する尺度です）の項目に中にも出てきます。この中からその質問項目を挙げると「友達とごっこ遊びをしない」，「年齢相応の友達関係がない」がそうです。もう何年も前になりますが，このパースの評価方法に関する支援者向け研修会のお手伝いをさせてもらっていたことがあるのですが，そのときにこれら「友達」が含まれるパースの質問項目を何度も読んではいたのですが，特別これらの項目について何も感じることはありませんでした。今回「友だち」という関係をテーマにして文章を書こうと考えましたが，再びこれらの項目を読んだときに「発達障害のある子にとって " 友だち " ってどのような関係を指すのだろう？」という興味と疑問がわきました。

　読者のみなさんは，「友だち」という単語に対してどのようなイメージを持たれているでしょうか？　そしてそこに〈発達障害のある子・人〉と条件が付くと，その友だちのイメージはどのように変わるでしょうか，もしくは変わらないでしょうか？　筆者は，研修会のお手伝いをしていた当時は，おそらく自分がイメージしていたものが自分が考える一般的な " 友だち " だっただろうため，この言葉にひっかかることもなかったのかもしれません。しかし，あれから数年を経ていくつもの機会や事例を通じて発達障害のあるお子さんや成人の方との交流の経験を重ねてきて，「発達障害のある人たちの人間関係」について意識が向くようになりました。そして「人間関係」の一つである " 友だち関係 " にも興味がわいてきました。彼らにとって「友だち」と

はどのようなもので，どのような意味があるものなのか。

　ということで，今回は〈発達障害のある子・人〉の「友だち」関係に焦点をおいて，関係性について深めていきたいと思います。

■ 保護者は子どもに "友だち" がいるといいと考える

　以前の回のどこかでも書きましたが，発達障害のあるお子さんの保護者の方から，「友だちがぜんぜんいないので，一人でもできるといい」「どうやったら友だちができるのか」などの悩みを聞くことがあります。もちろんそれ以外にも「友だち付き合いがうまくいかない」「いつもトラブルになってしまう」など，付き合い方に関する深刻な悩みもあることがあります。一方，一般のお子さん（定型発達の）の保護者から挙がる友だちに関する悩みは，「うちの子に友だちいるのかしら？」ということはあるかもしれませんが，そのことで保護者が子どもに友だちができるようにアクセクすることはあまりないかもしれません。それよりも「友だちとちゃんと仲良く遊べているのかしら？」「性格がよい友人とつきあってほしい」「あの子とは遊ばないでほしい」（なんだか自分本位の悩みも多くありますね）など "質" に関することが多く，"量（数）" に関してはあまり出てこない悩みかもしれません。それに対して発達障害のあるお子さんの場合，まずは「友だちをつくる」というところが一つの山場となることが多いようです。

　発達障害があるお子さんを持つお母さまのブログを拝読しました。幼稚園に入園した際，それまでは人と関わるのが好きな子だったので心配していなかったが，遊んでいる様子を見てみると，母親と遊びたがったり，「いつも一人で遊んでいるよね」と他の子の母親から言われたりしたことを心配されました。友だちと一緒に遊ぶように促したりするなど，いろいろ介入したところ，結局お子さんはそのことがストレスになり，その結果お子さんの様子が不安定（フラッシュバックを起こすようになった）になってしまったという出来事を書かれていました。一人の友人と一対一でのそんなに問題なく関わりができるのですが，複数の友人との関わりはかなり苦手なことで，ストレスが高いことだったのではないかということのようです。

　一般的には「友だちがいること」「友だちと遊べること」が人間関係や社会性の一つの評価指標であるため，保護者も支援者も友だちができるように，

友だちと遊べるように勧めるかもしれません。しかしその子の発達のタイミングによっては無理に勧めなくてもいいのかもしれません。このブログのお子さんのように，逆につらい体験となってしまうこともあるのかもしれません。「友だちがいること」「友だちと遊べること」は他の子と楽しく関われているという状態が目に見えるものですので客観的に見るとなんとなく安心できますし，周りの大人が子どもがそのような状態になっているということで，単に納得するだけのものかもしれません。

　友だち関係を構築していくことは，将来的に考えても他人との関係を築くという基本的なスキルだと考えます。親子・きょうだい関係は，"親子""きょうだい"という血縁もしくは法的な関係が出来上がっているので，努力していなくても関係が切れるというものではなく，また逆に嫌でも簡単に切れるものでもない訳ですから，友だち関係とはまた違った独自の関係となります。しかし友だちを含む他人との関係の構築は，自分がなんらかの努力をしないと，友だちを作る，友だち関係を継続する，ということは難しい種類の課題でしょう。

　社会に出てからの自分や自分の所属先（勤め先など）の損得に関係するようなオフィシャルな人間関係とは違って，友だち関係はプライベートでラフであり，自由度が高いものです。また友だち作りは，周りの環境（趣味やSNSなど共通した場所でたまたま出会った人だったなど）や，個人の意向やソーシャルスキルに大きく左右されるものです。スキルとしてはかなり高度な社会的スキルと要すると思います。ですから，もしかしたら発達障害のある子にとって得意なことではないかもしれません。

　そのようなお子さんたちの事情を知ってか知らずか，保護者にとっては，友だちが"いる"or"いない"は，やはりかなり気になる点なのだと思います。先ほども挙げましたができれば"いる"ほうがいいと考える保護者の方も多いようです。

発達障害がある子の友だちづくり

　保護者が心配している友だちに関することは，宋ら（2004）の発達障害のある子どもの保護者への調査でも示されています。「学校のことで子どもが困っていること」で"友だちとの関係"が多くの割合であがっています。具体

的には，友だちがいない，いじめられる，からかわれる，友だちとの関係を持ちたがらない，世話好きなクラスメイトに閉口している……などです。学童期は学校に行けば，先生以外は同じ年代の子どもたちが大人数いる状況ですので，学校でこの同年代の子たちとうまく関係が作れないと，通常の学校の場合，学校生活の多くのことがうまくいかないと言っても言い過ぎではないかもしれません。

　年齢（学年）が低ければ周りの子達も成熟していないので，余計なちょっかいをかけられることもあるでしょう。幼い子では自分と他人との違いがよく認識されず，自分と同じように関わることを求めてきます。もし自分と同じようにできないと，自分と違う子として攻撃の対象となることもあります。また，一人ぽつんとしていると担任の先生が余計なおせっかいをして，「友だちと一緒に遊んだら？」などとアドバイスしてくると，またそれが負担になったりもします。ほっておいてくれればいいのに，誰かしらが"友だちとのよい関係作り"のために良かれと思ってアプローチしてきます。よい友だち関係があると，周りからのよいサポートを受けられることもあるでしょうし，精神的な安定も得られるでしょう。一般的にはたくさんの友だちとよい関係を作って，集団生活を送れることが，学校ではよしと評価される一つのポイントになるのかもしれません。幼稚園・保育園から小学校にあがるときは，生活環境もガラリと変わり，周囲から要求されることも増えてきます。また関わる人の数も増え，人間関係もより複雑になります。それが一度にやってくるので，それに対応するのは容易なことではないのでしょう。

　発達障害のある子でよくあることは，「友だちに余計なちょっかいを出して喧嘩になった」「クラスの子からいじめられていて学校に行きたくないと言っている」など，関係がうまく作れないことでのトラブルの事例です。みなさんもこのようなことを聞かれたことがあるのではないでしょうか。調査のように発達障害のある子の保護者の多くの方にとっては，お子さんの「友だち」のことで悩むことのほうが多くなるかもしれません。

　最初の章でも人間関係の構築の苦手さについてあげましたが，ここでもいくつかあげたいと思います。

　高橋ら（2008）の発達障害のある児者の感覚に関する調査をみると，彼らがこの世の中で生活するということは，こんなにも大変さを感じているのか，ということがわかります。この報告の中で，人間関係を構築するのにも

影響するだろうという項目を抜粋すると，「他人の顔の識別ができない」「大きな音や突然の音の苦手さ」「焦点が合いにくい」「他人のにおいが気になる」「人との共同作業が苦手」「人とのかかわりは演技に頼っている」などがあります。どう考えてみても集団生活で過ごすには苦労が多いだろうな，と感じる項目ばかりです。環境のことでも気になることがいっぱいなのに，さらに人間関係もちゃんと構築しなさいといわれるのです。友だちに合わせて遊ぶということをする余裕はなく，とにかく今の自分の状況をサバイバルするかということのほうが重要なのかもしれません。想像するに，身動きが取れないような環境にいるようなものなのでしょう。

また別府（2012）は，直観的心理化（言語レベルで理由を推測することができないのだが，他者はこう感じるだろう，こう思うだろう，ということを“感じとる”レベルと，その機能に関与しているもの。また状況理解として「なにかまずい！」などということを感じることができること）について触れ，発達障害のある児者は，この直観的心理化の「ずれ」があると述べています。このようなずれがあることで，その場の状況を瞬時に読み取りことができず，適切なやりとりがリズムよくできないことが考えられます。そうなると，その場面でのやりとりや感情の共有というものがリアルタイムのライブで行えないので，友だち関係を構築するためのお互いの体験の積み重ねができないのかもしれません。

このようないくつかの苦手さも持ちながら，よい友だち関係を作りましょうというのは，やはり少し酷なような気もします。

友だちはいたほうがいいのか，いなくてもいいのか

保護者からは友だちとの関係がうまくできないという悩み，本人が関係作りが苦手なことなどがあり，このようなことを書くと無理に友だちはいなくてもいいのでは，無理をして友だちを作らなくてもいいのではないかと思われるかもしれません。友だちがいるかどうか，欲しいか欲しくないかは本人がどう感じるかということなので，本人が一人で過ごしてもいい，一人のほうがいいという場合は，無理に友だちづくりに躍起にならなくてもいいかもしれません。しかし，やはり友だちはいないよりいたほうが生活の質はよくなるのではないかと思います。ただ，どのレベルの友だちを求めるのか，と

いうことが重要になってきます。

　発達心理学的には，学童中期には同性の友だちと一緒に遊ぶようになります。その後の青年前期になると異性とのかかわりも出てきます。また，友だちという単語を辞書で調べると，"親しく交わっている人"ですが，もう少し具体的に定義すると，連絡を取り合っている，休みの日に一緒におしゃべりしたり遊んだりする，楽しみや悲しみなど共有しあう，共通した趣味があるなどで，さらに条件を加えるなら同世代，同性などがあるかと思います。ひとことで友だちといっても，それが指す意味の幅は人それぞれですし，広いものです。同窓会で30年ぶりに再会した場合も，年に1回の年賀状のやりとりをしている関係でも「友だち」ですし，幼いころから毎日のように会っている場合も，つい最近友だちになったばかりの人も「友だち」です。またサークルなど目的を限定した場面で会うだけの人もいます。性別や国籍も，障害があるなしも問いません。皆さんが交流しておられる友だちとは，どのような関係の方がいらっしゃるでしょうか？

　幼児，学童期，思春期，成人……など年代によって「友だち」の意味合いや，関係性は変わってくると思います。幼児では保護者同士が友だちで一緒に連れてこられているだけかもしれませんし，単に近所の同年代の子かもしれません。学童期になると気が合う仲のいい子で，もし異性の子がいたとしても一緒に遊んでいる子のなかにたまたま異性がいたくらいの認識であることが多いかもしれません。思春期以降だと悩みを相談したり，共通の趣味を持っているなどのことが友だちの定義でしょうか。

　学校に通っている時代（小学校～大学）の友だちは同じ学校の場合が多いので，すぐにお互いアプローチできると思いますが，卒業後は新しい場所での友だち関係をつくるか，学生時代の友だち関係を継続させるかなど，また別の労力が必要となります。ですから，大人になってからの友だち関係の継続には，本当に自分が必要と感じなければなかなか難しいことかもしれません。本当に必要だと感じる場合は，自分なりに努力するかもしれませんし，一人がいいと思う場合はとりたてて友だち作りをしないかもしれません。

　ケーゲル（2011）は，友だちを作り友情を維持させる基本ルール（保護者が気をつける点）として，5点挙げています（「:」以下は筆者のコメント）。

「感謝の気持ちを伝えられるようにする」：ありがとうなどが言えることは人

間関係構築に重要な役割を果たします。

「子どもの興味を後押しする」：共通の興味があるほうが友だちは作りやすく
なります。

「同じ年の仲間をさがさせる」：自分より幼いこと付き合いたいと思う場合は
興味の偏りがあるかもしれません。

「進歩への責任を自覚させる」：自分のスキルとして社会性を身につける動機
付けをすることが大切。

　などと述べています。もしお子さんが生涯にわたって友だち関係を継続し
てほしいと考えるのでしたら，幼いころから人間関係構築のための基本スキ
ルを身につけられるような試みをしておいたほうがよい，あとあと人間関係
を構築する方法の習得という意味ではよいのかもしれません。人間関係構築
の方法は，いくつもの経験とそこから生まれる自分なりの工夫です。ほうっ
ておいてもうまくできないことが多い子たちなので，周囲から本人が足りな
いところをコツとして教えてあげられるとよいのかもしれません。うまく友
だち関係が継続させられるように援助できたら，当事者のみなさんも楽にな
るのではないでしょうか。

■ 発達障害のある子は「友だち」をどうとらえているのか？

　筆者が関わった発達障害のある子・人の事例をいくつか挙げます（実際の
事例に基づいて一部修正してあります）。

　1人目は 20 歳を過ぎて，就労をしている方です。相手の子（同性で定型
発達の子）から「自分たちは友だちだよな！」と言われて，この発達障害の
あるお子さんはそうすっかり思い込んだようで，言われるがまま現金をいく
らか渡してしまっていたということがありました。休みの日に一緒に遊びに
出かけたりするなどの交流があった中での出来事でした。発達障害のあるこ
のお子さんは，相手の子に対して友だちだと思ったかもしれませんが，お金
を要求するなんてことをするのは，その相手にしてみたら友だちという名の
いいカモでしかないわけです。本当の友情関係ならお金を巻き上げるなんて
ことをすることはしませんから，単に相手のいいように利用されていただけ
だったのです。しかしこの発達障害があるこのお子さんは，そこのところ，

相手から友だちと言われているから友だちと思っていたから，言われるがままお金を渡しただけなのに……とのことでした。しかもこの一連の出来事がバレたら周りの保護者や支援者から強く注意されたことがあまり納得ができず，何がよくなかったのかということもよくわからなかったようでした。

　2人目の発達障害のある方は，以前クラスメイトだった相手の子（異性）のことを急に思い出し，携帯メールを送りました。相手の子から返信があって何度かやりとりをしているうちに，この発達障害のあるお子さんは相手の子と「付き合っている」と思い込んでしまったようでした。相手の子からのメールの文面には"友だち"ということも書かれていたのにもかかわらず，発達障害のあるこの方のなかでは「付き合っている関係」というイメージが出来上がっていたようでした。この出来事を客観的にみても，友だち関係（昔のクラスメイトで特に連絡をとりあってなので友だち関係といってもあまり密なほうではない）であり，相手の子からも単なる友だちの中の一人だとしか思われていませんでした。客観的にも主観的に考えても友だち関係の範疇なのに，この発達障害のあるお子さんは相手の子に対して結果的に友だち関係としては多少度を越えるアプローチをしてしまったということで，相手の子の気分を害してしまったということです。

　このように一般的な認識とはちょっと捉え方が違った「友だち」をしている発達障害のある子・人に出会うことは，そう難しくないことです。このようなとらえ方のズレが何らかのトラブルに発展することもあります。

ある発達障害のある男性が考える友だち

　3人目の例です。彼は20歳代で，大学を中退した後，紆余曲折し（いまだその途中かもしれませんが），現在は福祉関係で就労しています。大学ではうまく授業に出ることができずに単位と取得する見込みが持てなかったため，保護者や本人とも話し合い，本人も納得の上，大学は中退するということになりました。今は休むこともなく現在の就労先に毎日自宅から通勤しています。本人の楽しみといえば，帰ってきてからのネット通信のゲームです。

　そんな彼に「あなたにとって友だちって何？」と尋ねてみました。そうすると返ってきた答えが「知らない」「友だちについて考えたことないし，興味ない」とのことでした。大学生の時には友だちはいなかったし，ほしいとも

思わなかったそうです。今の職場では，同年代で趣味の話をする人はいるそうですが，この相手は友だちかどうかということは，別にどちらでもいいということです。ここまで話を聞きながら，なんだかこの彼の答えがしっくりしないなと感じていました。なんといったらいいのでしょう，友だちということについて話したくないのか，それとも友だちということについて思いをめぐらせたことはないのか，友情について悩んだことがないのか……何なんだろうこの気持ちが晴れないものは……と。

　ここで彼に友だちのことを聞くのをやめようかと思っていたところ，近くにいた母親が「ねぇ，シンジくん（仮名，小学校の時に交流があった子）はどうなの？　当時は休みの日も遊んでいたじゃない？　それに最近も約束して会っていたんじゃないの？」と問ったところ，さっきのしっくりこなさを解消させるような興味深い答えが彼から聞けました。彼曰く，このシンジくんはパソコンに関する知識がとても高いそうで，高校も情報系が専門のところへ入ったそうです。そのことは彼も知っていたようで，自分がパソコンのことで聞きたいことがあったとき，自分から会う約束をしてパソコンのことを聞いたのだそうです。ですから彼の返事は「聞きたいことがあったから会う約束しただけ」でした。

　このことから，自分にとって必要なことがある場合，利用できる自分のリソースの一つとして友だちが存在しているというイメージでしょうか。ですから，ネーミングは何でもいいのだと思います。たまたま使える単語で"友だち"というものがあったからそれを当てはめているだけで，他の呼び方でもいいですし，特に何も当てはめなくてもいいのかもしれません。彼にとっての"友だち"に，私たちが一般的に考える友だちの裏の意味，前述した「連絡を取り合っている，休みの日に一緒におしゃべりしたり遊んだりする，楽しみや悲しみなど共有しあう，共通した趣味がある，同世代，同性……」などの条件がきちっと当てはまるものではないようです。

　そしてインタビューの続きですが，最近彼がはまっているインターネット通信しながら対戦できるゲームでの現実に起きているリアルな出来事だけどバーチャルな関係についても話してくれました。ここではある数名のメンバーが登録されていて，そのなかでいろいろ対戦が行われています。その相手はもちろん現実の人間ですが，やりとりはネット上なのでバーチャルなものだといってもいいかもしれません。面白いことに，その仲間の呼び方は"フ

レンド "と言うのだそうです。そこで彼がそのフレンドに期待していること
は、「ゲームの相手してくれること，その人がいい人だったらなおよい」とい
うことです。「遊ぶ仲間がたくさん増えて，ゲームが楽しければそれでいい」
「ゲームが上手な人のほうが，遊んでいて楽しいからうれしい」とのことでし
た。

　彼にとって自分が目的にしていること（ここでは好きなゲームをすること）
を達成させるために，誰かがいたら自分にとって有用だな，ということのよ
うです。職場での話し相手より，ゲームでの仲間のほうが今は大切だとも言
っていました。悩みを聞いてもらおうとか，相手から誘われたら遊びにいく
とかいうことは，自分の目的に合っていればそうするかもしれないけど，と
いうところでしょう。

　また，彼からの話の中で興味深かったことがありました。このメンバーの
2名と合計3名でウェブで音声通信をしたそうです。相手は10歳代の子だ
ったようですが，相手からの申し入れがあったので，話してみたということ
でした。「会話はどうだった？」と尋ねると，「楽しかったよ。二人がしゃべ
ってばかりだったからそれを聞いているだけだったけどね。自分は話すのが
苦手だから，テキスト（文字）でのやりとりのほうがしやすかったけど」。な
んで話そうと思ったの？　と尋ねると，「相手から話そうって言われて……ゲ
ームでいつも対戦してもらっているから」ということで，夜遅く（と言うか
早朝！）まで話をしていたそうです。

　今までの彼の回答内容からは，思い知れないような内容でしたので少し驚
きました。自分本位で友だち付き合いをしてきたと思われる彼が，相手に合
わせるということをしていたのです。もちろんゲームというツールがあった
からこそかもしれませんが，でもこのような人間関係の構築の基礎のような
考え方ができたということは，彼の心が成長しているのかな，とも感じさせ
る出来事でした。ただ，「テキスト（文字）のやりとりのほうが自分にとって
はやりやすいけどね」とも話していましたが。

　最後に彼は筆者に「このことは論文か何かにに書くの？」と，なんとも鋭
い質問をしてきました。「できればそういうものに書かせてもらいたいと思っ
ているけどいいかな？」と同意を求めたところ「ふーん。いいよ」と，ゲー
ム機片手になんともそっけない返事。こんな本心を見透かすような質問をし
てくる彼と，友だちってよく分からないと答える彼のギャップがとても面白

く感じました。

当事者の定期的な集まり

　筆者が関わっている NPO では，そこに所属しているお子さんの集まりを月に 1 回行っています。お子さんといっても小学生から 30 歳を過ぎた方まで，年齢も所属もさまざまです。お子さんだけでも 30 名以上が所属していますので，年齢などを考慮して小グループにわけて活動しています。このような集まりは，実施の形態を変更しながら 10 年以上続いています。今では 20 歳を超えた年齢のお子さんが小学生のころから行っている会ですので，本人やご家族たちにとっても日常生活の一つのイベントとなっているご家庭も多いようです。ここはみなさん自分の自由意思で集っている団体ですので，何の拘束力もないのですが，それなりにこの場に所属意識を持たれているようです。

　10 年間でさまざまな活動を行っていますが，自分の都合で活動に参加してきてくれます。以前本人たちにここでの集まりのことを聞いてみたことがあるのですが，「ここに来ると仲間がいるから」「○○くんに会えるから」というようなことを話してくれました。この集まり以外に連絡を取り合って遊ぶということまではそう多くはないようですが，この集まりで会えることを楽しみにしている子もいます。ここで自分と同じような特性をもつ子（という認識をしているかどうかは分かりませんが）と会えることで，普段生活している学校や職場では味わえない仲間意識があることで，なんらか安心感を得ることができるのかもしれません。

　一般的に「友だち」というと，なんらか特別な友情関係で結ばれている間柄のようなものを想像し，そのような関係にあることを期待してしまいますが，発達障害のある子のような浅く広い友だち関係も彼らにとっては大切な生活の質を上げる素材の一つなのだと感じました。悩みや人生について相談したりすることは苦手かもしれませんが，同じ興味や目的を持つ人同士で同じ時間を共有して楽しむという場が多いことは，生活リズムや精神的な安定につながるのではないかと思います。無理やり友だちを作るということでストレスを感じるより，このような緩やかな関係をいくつも持てることも発達障害のある皆さんやご家族にとって，重要なことなのではないかと思います。

　友だちとして関わることで自分の時間を過ごす楽しみは増えると思います
し，つかず離れずのよい距離を保てば，一生付き合える関係になることも考
えられます。人間関係や人とのネットワークがあることは，他にはかえがた
い自分の宝物になるでしょう。

文　　献

宋慧珍・伊藤良子・渡邉裕子（2004）高機能自閉症・アスペルガー障害の子どもた
　　ちと親の支援ニーズに関する調査研究．東京学芸大学紀要1部門, 55; 325-333.

高橋智・増渕美穂（2008）アスペルガー症候群・高機能自閉症における「感覚過
　　敏・鈍麻」の実態と支援に関する研究：本人へのニーズ調査から．東京学芸大
　　学紀要総合教育化学系，59; 287-310.

別府哲（2012）コミュニケーション障害としての発達障害（特集：発達障害支援）.
　　臨床心理学, 12(5); 652-657.

渋谷真二（2006）知的障害者と健常者の友達関係．秋田大学教育文化学部教育実
　　践研究紀要，28; 53-62.

ニューマン，バーバラ・M＆ニューマン，フィリップ・R（1998）新版生涯発達
　　心理学．川島書店．

ケーゲル，リン・カーン，ラゼブニック，クレア（2011）自閉症を克服する〈思
　　春期編〉学校生活・恋愛・就職を乗り切る方法．NHK出版．

〈インターネット〉

PARSに関しての説明（スペクトラム出版社のHP）http://www.spectpub.com/（閲
　　覧：2015年6月上旬）

「ともだち100にん」要りますか？　うちの子流〜発達障害と生きる　発達障
　　害を持つ子供たちとの日々をつづります　http://nanaio.hatenablog.com/
　　entry/2015/04/08/223835（閲覧：2015年6月上旬）

自閉スペクトラム的,「当事者研究」。http://as-koneta.seesaa.net/article/83793014.
　　html（閲覧：2015年6月上旬）

第6章

発達障害のある子どもの恋愛事情と恋愛感情の表現方法

はじめに

　今回は発達障害がある子どもたちの恋愛といいますか，誰かを好きになるということ，異性関係について考えてみたいと思います。

　思春期といえば，みなさん言わずともご存知だと思いますが，心身ともに大きな変化が起こる時期です。しかもこれらの変化は，私のように性教育のことに関心がある者から見れば生殖に関するものがほとんどであると感じます。二次性徴の変化を見れば一目瞭然で，身体の機能や見かけ，考え方や精神的な状態についてはまさしく"性"に関する変化ですし，生殖にむけての準備の時期です。思春期は性に特化しているといっても言い過ぎではないかもしれません。ちなみに思春期の「春」は性的なことを意味しているということですので，思春期はまさに"性"のことで悩み考える時期なのですね。

　これら思春期での変化は，発達障害の特性があろうがなかろうが，個人差は多少あれど同じような時期に同じような変化として訪れます。この時期は定型発達の子でも問題を起こすこともあり，保護者を悩ませることになります。また発達障害のある子どもたちも，いろいろな問題を起こすことがありますが，その表現の仕方が障害特性から考えると納得できるといいますか，腹立たしいといいますか，ほほえましいといいますか……，多少，特徴があるように感じます。

　障害があろうがなかろうが思春期は，子どもでも大人でもなくまた子どもでもあり大人でもなるという特徴がある，人生の中でも大きな節目の時期です。自分の身体の変容を徐々に受け入れつつ，しかし前向きな気持ちというばかりではなく，ネガティブな気持ちも感じつつ心身ともに完全な大人に近

づいていきます。発達障害のある子どもたちに見られるものでは，（本人にとっては）急に起こる身体の変容に驚き，例えばヒゲを手で抜くとか陰毛が気になって陰部をさわるなどの周りが多少困る反応をすることもあります。また思春期では身体の変容に伴って行動も変化させないといけないのに，行動も子どものままであり，問題行動だとみなされるようなことがあったりします。

　というようなことで，今回は発達障害のある子どもたちの思春期の身体の発育というよりは，異性に対する感情面や行動面について，相手とどのような関係になるのか，ということを考えてみたいと思います。

■ 発達障害がある子の異性への興味

　先にも書きましたが発達障害の特性がある子どもたちも，思春期のころもしくは少し遅れた時期に，異性のことを意識し始めます。この時期については，定型発達の子でも個人差があるように，発達障害のある子でも個人差があるように思います。発達障害のある人の中には，思春期後半や思春期がかなり過ぎてから異性のことを意識するようになる人もみられ，全体的に遅いのかな，と思っていましたが，俯瞰的にみると（経験が長いのでいろいろな年代のお子さんと多く関わっています）思春期始まり頃や前半に異性に興味を持ち始める子もいるようですので，個人差の幅が定型発達の子に比べて広くバラエティもさまざまといったところでしょうか。そして中には，異性に全く興味がない，異性を極端に拒否するという子（人）もいて，これらは発達障害のある人に特有というまでではないと思いますが，たまにみられることがあります。

　発達障害がある子の完全な特徴というわけではないかもしれませんが，女性のことをどう捉えているかということで少し興味深い点があります。以前発達障害がある子どもたちに聞いたところ，たとえば髪が長いこと，スカートをはいている，母親ということで，女性かどうかを判断しているということもあるようです。おそらく，髪が長いことやスカートをはいているという女性に多く当てはまる姿であったり，母親という女性がする社会的な役割で判断するということがあるようです。確かに自分たちもそのようなことを手がかりに，男女の違いを見抜いている側面もあるとは思います。一方で，障

害特性がない私たちは，もう少し多様な要素に基づいて性別を判断しているような気もします。判断の基準が，シンプルに髪の毛やスカートにあると答えるということが，彼ららしくて面白いと感じます。

　また笑い話として聞いていただければと思いますが，筆者が所属しているNPO法人が行っている活動で，屋外に出かけた際の出来事です。電車に乗って移動しているときに，一人の発達障害のある高校生の男の子が，活動を手伝ってくれている女性大学生ボランティアのスタッフばかり近づいていって話しかけ，私の前は何度も素通りをされていました。「私のことは全く目に入っていないのかなー」と少しイヤミを言いたくなるくらい，まったく無視状態でした。おそらく髪が長く年齢が若くかわいらしい自分の好みの姿の女性には一直線で近づいて，それ以外（年齢が少しばかり上だったから？）は眼中にない……。彼らの特性らしいといえばそうなのかもしれませんが，素通りされた筆者の心は少しばかり寂しさを感じたのでした。

性の逸脱行動？

　インターネットで，「発達障害，性，性教育，異性関係……」など関連しそうなキーワードをいくつか入力して検索をしてみると，実にいろいろなことがヒットします。その中でQ&Aのようなものを読んでみますと，保護者らしき方からの悩みが多く挙げられているサイトを見つけることができます。たとえば，以下のようなものです（一部文面を修正しています）。

　「興味を持った異性と親しくしたいと，特定の子につきまとったり，体育の時間に更衣室を覗いたりします」「好意を持った異性に対して，時間や場所タイミングを選ばずに告白します」「クラス担任の先生に，頻繁に抱きついたり，じゃれついたりします」「電車やバスで隣に若い女性が座っていると，突然髪の毛や肩，頬などを触ってしまいます」「人前でズボンの上から性器を触ったりすることがあります」「長時間，性器をいじっています」「会う人男女問わず，性的なことを話しかけます」などです。これらを読まれて，「こんなことあるの？」と驚かれたでしょうか？　それとも，「発達障害のある子にはよくあることだよね」と納得されたでしょうか？　これらの相談内容は，思春期の発達障害の子どもたちの支援を行っている支援者の方にとってみれば，よく耳にする"あるあるネタ"だと思いますが，いかがでしょうか。

　また，このような相談を受けたとき，皆さんはどのようにアドバイスされますか？

　定型発達の子を基準に考えてこれらの相談内容だけ聞くと，正常な性的発育を逸脱しているような驚くべき内容かもしれませんが，発達障害の特性がある子どもたちの場合は，障害特性が絡んでくることで特徴的な行動を起こすことがあります。それらが，ここに挙げたような具体例になるのです。もし性に関係していない領域の出来事なら，障害特性の影響として理解してもらえるかもしれませんが，性の領域の場合，"性"という領域が持つ独特の性質が影響し，障害特性というより，性的な嗜好の異常さ？という面のほうが前に出てしまい，無意識に誤解されてしまいます。普段，発達障害のある子どもたちの支援をされているみなさんは，障害特性をよく理解されて対応されていると思いますが，それでも性の領域のことになるとその特性のことを当てはめることを忘れてしまわれるようです。ですから，支援者のみなさんは思春期を迎える発達障害がある子どもたちにどのように対応したらいいか困るかもしれませんし，特に保護者の皆さんはそれがわが子のこととなるととても驚かれたり，とても不安に感じられたりするのかもしれません。

　以前，お子さんが成人になられた保護者の方から相談を受けたことがあります。それは「子ども（30歳以上）がエロ本を見ているようです。この前部屋を掃除していて見つけてしまいました。この子はこんなものを読んでいるなんて，問題があるように思います。どうしたらいいでしょうか？」，さらに別の方からは「子ども（20歳以上）が自分の部屋でマスターベーションしているようですが，そんなことしていてもいいんですかね？　ダメなことだと思いますが，どうしたらいいでしょうか？」というものでした。一瞬「えっ？」と思いましたが，よくよく考えたら，どちらも20歳にもなっているいい大人の方なので，エロ本を見ていても（自分で購入しているのなら）法的には問題ないはずですし，マスターベーションしていても人前で行っているわけでもないのならなんら問題はないと思います。それが発達障害の特性がある子が行っているということだけで，何か問題があるのでは？と勘違いされてしまいます。母親（女性）にとったら，そんなエッチな本を見たり，マスターベーションをしているという自分の子どもの姿がとてもいやらしいものに感じるのかもしれません。しかし，落ち着いて考えてみればそれは年齢的にも社会的にも生物学的にも精神年齢的にも問題がないことです。親に

してみたら，いつまでたっても子どもは子どもなのかもしれません。しかし子どもも，成長しています。このようなとき，自分が感じる，"いやらしいからやめてほしい"と思う感情で判断していないかを冷静に考える必要があると思います。

性教育の影響

　性に問題がある，「それなら性教育でしょ！」と結びつくかもしれませんが，必ずしも頼みの綱の性教育が効果的で威力を発揮するかというと，そうではないことも多々あります。性教育を否定するということではありませんが，一般的に多くの方がイメージされる性教育たとえば，男女の体つきの違い，二次性徴で起きる変化，外・内生殖器の発達，性交・受精や妊娠の経過など，みなさんがこれぞ性教育，と思われているコアな部分のみ，またその情報のみを伝える性教育であるならば，発達障害のある子どもたちにはよい効果が得られないこともあります。

　今までに聴いた事例では，「学校で事前に月経のことを教えてもらったが，いつ来るかわからない月経やそれに付随する月経痛に対して不安になって毎日のようにその不安を訴える女の子」，「授業で女性の胸の発育や外性器の絵を見て，それが本当か確かめたくて更衣室を覗いた，もしくはスカートをめくった男の子」などなど，性教育を受けた後に起こったであろう困った行動はいくつか耳にします。

　また困った行動に至らなくても，性教育で教えてもらって"知識"はあるが，それが行動にうまく生かされていなかったということもあります。「月経で出血があると聞いていたが，実際に月経が始まった時にそれが何かわからず汚したままになっていた」，「女性には近づきすぎないようにしないといけないことはわかっているが，近くに好みの女性が来るとつい近づいてしまう」など，知識と行動が結びついていないということもよくあります。これらは性的な嗜好の異常？ということよりも，障害の特性の影響を受けていると思われます。

発達障害がある子どもたちの異性との関係

　さて，まえおきはこれくらいにして，今回は発達障害がある子どもたちの恋愛事情です。みなさんは，発達障害のある子どもたちの恋愛相談を受けたことがあるでしょうか？

　ある日，発達障害のある高校生の男の子から「ホワイトデーにお返しをしたいのだけど，何を返したらいいと思う？」ということを聞かれました。本人にしては真面目で真剣な相談でした。なぜこんなことを言っているのかわからず，母親を含めいろいろ聴いてみました。そうしたら，バレンタインデーにクラスの子に義理（トモ）チョコをもらったのだが，どうもそれが本人の認識の中では「チョコレートをくれた→僕のことが好き→彼女」と成立していたようで，丁寧な返事の手紙にはすっかり僕の彼女になっているような記述が満載でした。ホワイトデーに義理（トモ）チョコのお返しとしては法外な金額のものを想定していたようでした。やれやれ……な出来事でしたがこのような勘違いはじつに多く耳にする話題です。この高校生の男の子が，相手の女のことが好きか……というと，なんとなく好きかもしれないという気分になってたのかもしれません。そうか，真面目に相手の子の気持ちに応えなきゃいけないと思ったのかもしれません。本人としては，今まで体験したことがないような感情になっていたのだと思います。義理（トモ）チョコはもらったことがあったかもしれませんが，成長に伴い今まで感じなかった相手の子への想いが生じていたのかもしれません。他者を思う心の成長といえばそうなのかもしれませんが，一般的には「おしいっ，もうあと一歩」という歯がゆさを感じます。相手のことの思う優しさは育っていたかもしれませんが，「義理（トモ）チョコくれたからその子は彼女」という短絡的な勘違い，そこが障害特性なのかもしれません。

　他の事例では，毎日公共交通機関で学校に通っている高校生の男の子で，毎日同じバスに乗る他の学校の女の子のことを，いつの間にか彼女と思い込んでいた，ということもありました。これは「手紙を渡すから内容をみてほしい」という相談から発覚したのですが，その手紙には愛の告白がびっしり書かれていました。誰に渡すのか？ と問うたところ，「毎朝バスで乗り合わせる女の子」ということでしたので，その女の子のことをどれくらい知って

いるのかと詳しく聞いてみると、「僕は知っている、毎日会う子だから」など
と答えていました。しかし状況を想像するに、単に毎朝バスが一緒になる別
の学校の女の子で、名前もどこに住んでいるかも知らないだろうし、自分が
たまたま興味を持った（好みの）子であったというだけで、そもそも相手の
子はこの男の子が自分に好意を持っていることも知らないだろうし、そもそ
も一緒のバスに毎日乗っていることすら気がついていないかもしれません。
そんな相手の子のことなどお構いなしに、毎日バスで会ううちに自分の知っ
ている子→彼女かも？ という気持ちになっていたようでした。ただ、このよ
うなことは障害とは関係なくても一般的にもあることで（実は筆者も若い時、
電車に乗り合わせていた人から突然連絡先を渡されたことがありました、も
ちろん自分はその人の存在は全く気がついていませんでしたが……）、特殊な
例ではないですが、発達障害のある子は毎日会うことでもしかしたら彼女な
のかも？ という認識にすり替わっていくようでした。このことは電車やバス
の中で起こることではなく、場面が違っても日常的に起こりえることです。
結果的には微笑ましく思える思春期の出来事になることが多いのかもしれま
せんが、こうした勝手な勘違いはどこでどう重大な問題につながるかもしれ
ないということを孕んでいると思います。

性的な犯罪

　勘のいいみなさんは、もうお気づきかもしれません。ここからは発達障害
のある子どもの勝手な思い込みなどから発生する（かもしれない）、いわゆる
性的な犯罪について書いていきたいと思います。性の領域の問題となると、
社会的には問題が深刻になります。簡単な例で言いますと、何かをコレクシ
ョンする趣味があるとします。みなさんも何か好きなものを集めるというこ
とはありますよね、靴、鞄、好きなアイドルのグッズ、好きな漫画家のコミ
ック、Apple 社の新製品はすべて買う、可愛い文房具、アニメのフィギュア、
骨董品……など少なからず誰にでも何かしらある趣味の一つです。それで、
もし男性が、女性もののブラージャー、パンツと対象に集めていたとしたら
……。合法的に（要するにお店やネットで購入）手に入れたとしたら、法的
には問題ないかもしれませんが、社会（女性）的にはちょっとかんべんして
ほしい……ですよね。さらに集め方が、違法な方法（盗む）だったらどうで

しょうか？ 同じコレクターでも，集めるもの・集め方によって性犯罪，窃盗，ということにもなりかねません。

　こんな事例も聞いたことがあります。発達障害のある小学生の兄弟で，ひとりはティッシュが好きで新品のティッシュをお店から万引きしてしまいました。ひとりは使用済みのティッシュが好きで，ゴミ箱などから持ち出していました。そもそもティッシュに興味が湧くところも興味深いのですが，使用前と使用後に興味が分かれたのも興味深いです。どちらかというと使用後のティッシュに興味を持つ子に，どういう興味なのか不思議に思うのですが，使用前のものを盗んでコレクションしていた子の方が社会的に罰せられる可能性があります。本人にとっては単なる個人の興味の先，かもしれませんが，それがどこに向かうかによって，社会の対応が大きく変わってくる可能性があります。自分のコレクションの趣味がうまく合法的，社会的に適応的な範囲に収められる場合はいいかもしれませんが，その範疇を超えたときは，障害が有る無し（責任が負える範囲で），悪意が有る無しに関係なく，犯罪は犯罪なのです。

事例はまだまだあります！

　異性との関わり方の事例ですが，このようなこともききました。ある高校生の男の子ですが，偶然中学時代同じ学校だった女の子と駅で再会したことが発端だったということです。高校生になってからは交流がなかったのですが，再会したことでその子に中学時代，好意を持っていたことを思い出し，携帯電話のSMS（ショートメッセージサービス）でやりとりをし始めたようです。はじめは「ひさしぶり」，「げんき？」，というような内容で1日数回だったのが，だんだんエスカレートし「いまなにしてる？」「だれかすきなこいるの？」「つきあってるの？」「ぼくのことどうおもう？」など，重い内容になってしかも1日何度も多い日には何十回となくメールするようになったようです。相手の女の子からは「あなたはともだちよ」「そんなにメールしないで」などと，拒むようなメールもありましたが，全くお構いなしにメールを続けており，結果的に保護者に知られることとなり，支援者から注意されるということになりました。

　同じような内容ですが別の事例もあります。この子も高校生の男の子でし

たが同じクラスの女の子に対して手紙を送り，相手の女の子が困った末，学校の先生に相談して，問題が発覚したというものでした。きっかけは，同じ学年の男の子との関係がうまくいかなかったときに，その女の子が優しく声をかけてくれたというものだっだそうです。これも勘違いといえばそうなのですが，多少好意があった（嫌いではないという程度かもしれませんが）女の子が優しくしてくれたことで，自分の好意がある→自分の彼女かも，という認識になってしまったようです。手紙の内容は，高校生にしてはかなり赤面するような愛の告白めいた文章も混じっており（読ませてもらって，正直こういうフレーズをどこで覚えたんだろう……と思うくらいの内容），このような手紙を何度と渡していたようです。もちろん相手の女の子は，この男の子のことをたんなるクラスメイトとしか思っておらず，かなりいい迷惑だったようです。

　事例はまだ続きます。すでに 20 歳代，30 歳代の成人になっている発達障害のある男性ですが，大人になっても同じようなことが先に挙げたことと同じようなことが起こったようです。発達障害がある男性陣と女性陣の複数人で，出かけたときに起こったようでした。男性の何人かは一緒に出かけた中の一人の女性のことが気になっていました。男性陣はお互いにそのことは知っていたので，日ごろからいわば彼女を巡っての争奪戦？　といったところで，お互いの動向を確認しつつ，デートに誘ったりメールをしたりと，せめぎ合っていたようです。そしてある日，彼女のことが好きな男性を含む数人，そしてこの女性を含む数人のグループで出かけた時の出来事です。終日一緒に遊んでその帰り，この女性が一人でベンチに座って休んでいたとき，少し疲れたので目を閉じてじっとしていたそうです。その姿を目ざとく見つけた一人の男性がこの女性に近づき，目を閉じているこの女性に突然キスをした（しそうになった）ということでした。もちろんこの女性は，突然の出来事で驚いてこの男性に怒ったそうです。

　この出来事のことを聞いた支援グループの支援者が，この男性がやらかした出来事について直接本人に聞いてみたそうです。そしたら答えは「目を閉じて座っていたから，キスしてもいいと思った」と特に悪気もなく，答えていたそうです。もちろんこの男性は支援者からこっぴどく注意を受けたので，悪いことをしたという認識でしたが，そうでなければ，僕は彼女のことが好き→目を閉じている→キスしていい，という自分勝手な方程式が頭の中で出

来上がっていたようでした。

　別の機会に，このキスされそうになった女性と会ったときに，漠然とした質問でしたが支援グループで一緒の男性の印象はどう？　と話をしていたときに，「変なメールしてきていたことがあった」というので，どんな内容のメールだったか尋ねると「今度遊びに行こうよ」とか「水着どんなの着ているの？」とか「セックスしようよ」など，ちょっと仰け反ってしまいそうな内容だったそうです。さらに「みんなと一緒に出かけたときにキスされそうにもなった」とも話していたそうです。その男性とはどうなったのかと聞くと，「（支援グループの）先生に相談して３人で話し合いをしたから今はそのようなことはない」ということだったそうです。彼女曰く，その男性のことは「好きでもなんでもない」のだそうです。好きでもない人から「どんな水着？」「セックスしようよ」とメールをもらっても，嬉しいことは絶対ないわけですし，「キスなんてされそうになった」なんて，こんなことは起こらなかったことにして，記憶から消したい出来事でしょう。

　たまたまこれらの出来事は学校生活の中や，支援グループの活動でのつながりの中であったので，周囲の大人が気をつかって社会的な犯罪ということにはしませんでしたが，そのような枠の中でなければこれらは立派な犯罪的行為の範囲だと思います。一方的な思い込みによる，相手にとって迷惑なアプローチ，特に男性から女性へのアプローチをする子は，一歩間違えば性犯罪とみなされる行動です。また想いを伝えるきっかけがつかめず，ストーカーまがいな行動をしてしまうということにもつながるかもしれません。本人としては清らかな気持ちで相手の子のことを想っているのかもしれませんが，相手の子にしてみれば，あまりすっきりとしない，別の意味（恐怖の）でドキドキしてしまう異性関係ともなりえます。

性犯罪を考えてみる

　筆者は以前，医療少年院に勤める精神科の先生と一緒に，その医療少年院に入所している性犯罪（性的加害）をした少年たちに性教育プログラムを行っていたことがありました。そのような場所でプログラムを行うということはあまりできることではなく，そこでの性教育プログラムを考えることはとても貴重な経験となりました。詳細を述べることはできませんが，ここに入

所している子どもたちは，いろいろなものを背負っている子たちだと思います。知的にゆっくりな子，発達障害など障害がある子，家庭的な背景が複雑な子，学校でいじめを受けた子など，さまざまです。このようにさまざまな背景や要因がある中，性犯罪という結果に至ったようですが，ここに入所している子がどのようなことをしたのかを聞いてみると，先に挙げた事例とそれほど変わりがない出来事だったのです。執拗に繰り返し行っていたり，相手が知らない人や幼い子であったり，場所が公共の場所であったり，という紙一重の違いで犯罪となってしまっているものの，障害特性の影響からの行動という意味では質的にはほぼ変わりがないもののように感じます。ここで出会った少年たちのことを思うと，犯罪をしてしまったのは決して彼らだけのせいではないと釈然としない思いです。プログラムを通じて経験したことを還元していくことは，私の一つの役割であるとも感じています。

　このように障害特性ゆえの「誤解されやすい」性に関連する困った行動は，ある面では大問題となりうる隣り合わせの位置にあるともいえます。ですから発達障害の障害特性に理解がある支援者の皆さんには，性の領域の問題だとしてもたじろがず対応していただきたいと期待します。障害特性に応じた対応を早い時期から取り組んでいくことで，難しい思春期を乗り切り，自分の特性をよく理解したクールなおとなに移行できるのではないかと考えています。

　次章では，具体的に対応法を考えていきたいと思います。

文　　献

橋本和明編（2009）発達障害と思春期・青年期―生きにくさへの理解と支援．明石書店．

川上ちひろ（2015）自閉スペクトラムのある子への性と関係性の教育．金子書房．

ケーゲル，L.K.，ラゼブニック，C.（八坂ありさ訳，2001）自閉症を克服する〈思春期編〉学校生活・恋愛・就職をのりきる方法．NHK出版．

宮口幸治・川上ちひろ（2015）性の問題行動を持つ子どものためのワークブック―発達障害・知的障害のある児童青年の理解と支援．明石書店．

佐々木正美監修（2008）思春期のアスペルガー症候群．講談社．

ホワイトハンズ（2012）発達障害・知的障害児に対する性教育のケーススタディ．
　　http://www.privatecare.jp/id3.html

発達障害のある子どものトラブルを引き起こす性行動とその対応法

はじめに

　第6章に引き続き，発達障害がある子どもの異性との関係について，さらに事例を交えて説明していきたいと思います。なお事例は実際に起こったものをもとにしていますが，内容については本人が特定できないよう修正しており，仮名を用いています。

事例①　ミツルさんのトイレ覗き事件！

　最初は，ある福祉関係の就労施設に通っている成人の男性ミツルさんの事例です。

　ミツルさんは，職場にはまじめに休まずに通っています。誰とでも愛想よく話ができるので，みんなからとても愛されています。その職場に通い始めて2年目に，一人の女性カヨさんが彼と同じように利用者として入職してきました。どうも彼の好みの女性だったらしく，他の女性とは違って自分から積極的に話しかけるようになりました。仕事時間，休み時間，楽しくお話をするようになりました。彼にとっては，至福の時間だったことでしょう。そのような日が続き，まじめに職場にも通っていたある日，同じ職場に通う別の利用者さんから「ミツルさんが，女子トイレを覗いている！」と驚いたように報告があり，利用者の中で大騒ぎになりました。そして，ミツルさんは職場の指導員さんに呼ばれ「何でそんなことをしたんだ？」と理由を聞かれたところ，「カヨさんがトイレに入っていたので気になりました」と答えたそうです。指導員さんから，「今度からそんなことはしないように」ときつく注

意を受けたそうです。もちろんミツルさんの両親にもこの日の出来事について連絡があり，自宅でも注意してほしいといわれたそうです。

　そして数カ月後，また「ミツルさんが，女子トイレを覗いている！」と大騒ぎになりました。また同じように指導員さんに呼ばれ，事情聴取です。理由は「カヨさんがトイレに入っていたので気になりました」と，同じことを答えたそうです。指導員さんは困ってミツルさんの母親にも来てもらうことにしました。そして母親とミツルさんに「この前も同じことをして，注意したでしょ⁉　そのときもう同じことはしないでね，と注意したのにどうしてまた同じことをしたの？」とさらに強く注意をされ，「おうちの方でも注意していただけましたよね？」と言われたということです。

　ミツルさんの母親から筆者へ，ミツルさんのトイレ覗き事件の経緯の説明があり，どうしたらいいのでしょうか，と相談を受けました。

自分が気になったことを優先してしまう

　2回ものトイレ覗き事件の経緯やその時の状況，そしてミツルさんとカヨさんの関係などについて，ミツルさん本人と母親から詳しく話を聴きました。

　ミツルさん曰くカヨさんとは話が合うようで，趣味のことやテレビのことなどよく話をするようになったところ，ミツルさんはカヨさんのことが好きになっていたようです。母親目線では，どうしてカヨさんが好きなのだろう，こういう子がミツルの好みの女の子だったのか……と首をかしげているのですが，本人の好みや嗜好なのでそこのあたりは，いくら親でも理解できないこともあります。ミツルさんは，いつでもどこでもカヨさんの近くにいたいと思うようになり，カヨさんが立ち上がると一緒になって立ち上がるようなこともあったそうです。それでトイレに入ったカヨさんについていき，何をしているのかな～と気になったので，女子トイレの中を覗いてしまったそうです。本人はカヨさんのことが知りたかっただけで，"トイレを覗く"ということが他人から見たらどのようなことなのか考えがまったくなかったようです。

　同じことを2回したことについては，1度目はトイレの入り口の扉をこっそり開けて見ていたようですが，一度注意をされたことは覚えていてダメだと思っていたので，2度目はトイレの上にある欄間のようなところから，わざわざ椅子を持って来て覗いていたようです。本人としては同じところから

覗いてはいないのですが，結果的にはトイレを覗き見ていることには変わりないのです。でも手段が違うので本人としては同じことをしているという認識ではなかったようです。先にも書きましたが，本当に単にカヨさんがどうしているか気になっただけのようで，話していても女子トイレを覗こうという性的な興味はなかったようでした。

　このように自分がしていることが，周りからどのような評価を受けるのかということについて考えなしに行動してしまうというところに，障害特性がよく現れていると感じます。自分のやってしまったことがどのような意味があるのか，客観的に理解できるように説明し，職場ではどのようなふるまいをすることが適切なのかを，一緒に考えていくことが必要になるでしょう。

■ 事例②　勝手に彼女宣言をして相手を困惑させたコウジくん

　次は，高校生2年生のコウジくんの事例です。コウジくんが通う高校では，秋の体育祭や文化祭などの行事を終え，彼は満足感でいっぱいでした。他のクラスや先輩との交流もあり，友だちや顔見知りも増えました。コウジくんはこの体育祭で同じ係だった隣のクラスのミナミさんのことが少し気になっていました。でも行事が終わったあとは，他のクラスとの交流がほとんどなくなり話す機会も全くなくなっていましたので，コウジくんもミナミさんのことは忘れかけていました。

　そんな日が続いたある日のこと，学年での行事があり学年全員が体育館に集まり交流をしました。そのときは別のクラスの子とも話す機会が多くあり，楽しく活動していました。けれどちょっとしたきっかけから，いざこざが起き大きな喧嘩となってしまいました。それは，たまたまコウジくんが別のクラスの男子にぶつかってしまったのを，その男子が「わざとだ」と思い込み怒ってしまったからです。それでコウジくんは「わざとじゃない」と懸命に釈明したのですが，相手の男子は聞き入れてくれることなく，コウジくんもカッとなってしまい最後には取っ組み合いの喧嘩にまでなってしまいました。先生たちの仲裁が入りその場は収まったのですが，もちろん放課後職員室に呼び出され，いろいろ事情を聴かれました。しかしお互いの話は平行線だったため，たまたま近くにいて見ていたというミナミさんも事情を聞かれました。そのときにミナミさんは見ていたままのことを正直に話しました。それ

はコウジくんがわざとぶつかったのではないということです。なので，ミナミさんは，「コウジくんは悪くないと思います」と味方をしてくれました。それを聞いたコウジくんは，「僕の味方をしてくれた」が，「ミナミさんは僕に気があるのでは……（もちろんコウジくんの勘違いなのですが）」となってしまったようです。

　その数日後，ミナミさんに手紙が届きました。差出人はコウジくんです。内容はというと……「ミナミさんは僕のこと好きなんだよね。困ったことがあったらなんでも僕に相談してほしい」「僕以外の男子となるべく話さないでほしい，僕と話をする時間をとってほしいから冬休みになったら，どこかに遊びに行かない？」というような，愛の告白レターです。これにはミナミさんも驚いて突然のことでどうしていいか分からなくなってしまったので，担任の先生に相談をしてこの事件が発覚しました。

　後日コウジくんの家族が学校から連絡があり，これまでの経緯と今回の出来事が報告されました。ご家族もどう対処したらいいかということで，相談を受けました。

自分にとって都合がいいストーリーを描いてしまう

　コウジくんのように，拡大解釈といいますか，勝手な解釈といいますか，"どうしてそんなふうに理解しちゃったの？"と，周りが理解に苦しむような出来事は，少なくありません。ポジティブで前向きな考え方でいいか？といえばそうかもしれませんが，時には相手を困らせてしまうということもあります。自分にとって都合がいいストーリーを想像し，そう思い込んだらそのことに一直線なのか，その自分の解釈の方に自分の気持ちも流れて行ってしまったようです。

　このような勝手な解釈は，おそらく周りの状況や相手の気持ちを想像することが苦手なことに起因しているのだと思います。ただ，思い込んでしまうだけならまだいいのですが，思い込んだことを行動してしまうことには時と場合によっては問題になることもあります。コウジくんのように，ミナミさんのことを勝手に彼女だと思いこんでいるのはいいかもしれませんが（ミナミさんにしてみたら迷惑なことかもしれませんが），その想いを手紙にして渡してしまうということころは，相手の気持ちを考えていない自分勝手な行為だととらえられてしまうかもしれません。

　もし手紙を書くにしても，いきなり熱烈告白ではなく，自分のことを印象に持ってもらう程度の内容にして，徐々に関係を深める（縮める）ようにしていくことが，一般的には段階を追った恋愛だと思います。いきなり熱烈告白は，多くの場合，相手の受け入れ状況ができていないため，拒否されることが多いかもしれません。このような段階があることを説明することが必要かもしれませんが，そもそもミナミさんがコウジくんのことが好きかどうかも，この状況から客観的に見てどうなのか説明して一緒の考えることも必要かもしれません。

■事例③　昔の淡い想いがよみがえったヤストくん

　次も高校生の男子の事例です。4月に高校生になったばかりのヤストくんは，決まった時間のバスと電車を乗り継いで休まず毎日高校に登下校しています。ある日行事のため学校が早く終わったので，いつもと違う時間のバスと電車に乗りました。そうしたところ，駅でばったり中学校のときの同級生のマユミさんに出会いました。

　ヤストくん「あっ，マユミさんだよね？　ひさしぶりだね」

　マユミさん「あっ，ヤストくんだ。久しぶりだね，元気？　高校は楽しい？」

　と，短いですが会話をしました。マユミさんは中学で同じクラスだった女の子ですが，高校は別々になりこのとき再会したのは中学卒業以来3カ月以上ぶりでした。二人とも少し大人びた感じになっていましたが，お互いにお互いのことが認識できました。

　それからヤストくんはマユミさんのことで頭の中がいっぱいになり，マユミさんとの思い出のことばかり考えるようになりました。そうしているうちに，自分がマユミさんの携帯電話番号を知っていることを思い出しました。中学のときは，仲がよくてよく話したりしていました。そしてマユミさんのことが，少し好きだという気持ちを持っていたことも思い出しました。

　それで早速，携帯電話のショートメールで，「マユミさん，この前は偶然だったね？　いつもあの時間の電車で通っているの？」と，送ってみました。そうするとまもなくマユミさんからも返事があり，「こんばんは，そうだよ，いつもあの時間の電車だよ。ヤストくんは高校では部活やっているの？」な

どと，友だちメールのやりとりが続きました。

　最初は夕方から夜の常識の範囲内の時間帯で1日数回のやりとりでしたが，1週間もしないうちに1日数十回のやりとりに膨れ上がり，時間帯も深夜に送ることもありました。はじめはマユミさんも返事を返していたのですが，一日に何回も届くようになったので，少しイヤになって返事を返さないようになりました。そうすると「どうして返事をしてくれないんだ？」とか，「好きな男子はいるの？」「彼氏はいるの？」「ねぇ，キスしたことある？」など，込み入ったことも聞いてくるようになりました。ですからマユミさんは余計にイヤになり，あまりにもメールが続くのでマユミさんは母親に相談しました。そして今回のことが明るみになりました。

異性のことを意識し，少し性的な興味も持ち始める子もいる

　異性に対して興味を持ち始めるのが高校生ということでは多少遅めなのかもしれませんが，自閉症スペクトラム障害のある子は少し遅めに意識し始める子も多いように感じています。しかし中には，全く興味がないのではないかという子もいますし，幼い頃から異性に興味があるような素振りを見せる子もいますし，これも個人差によるところが大きいのかもしれません。ヤストくんの場合は，中学生の頃から多少女子に興味があるような雰囲気はあったのは周囲も気がついていらっしゃったようですが，このようにあまりよくない方向ですが積極的に行動してしまったのは今回が初めてでご両親も驚いています。

　今まで意識していないように見えて，でも知識として彼女とか，彼氏とか，キスとか，つきあうという言葉は知っていて，あるとき自分の状況とその知識が結びついて，突然行動になって現れてしまった，でもその行動が社会的な常識の範囲から少しずれてしまったということです。異性に対して意識するようになることも，誰かのことが好きになることもヒトとしては正常な成長なのですが，その気持ちの表現の仕方が周りから見て奇抜に感じられると，問題行動だとされてしまうこともあるでしょう。

　ヤストくんは，マユミさんのことは確かに中学生のときに少しは意識していたのですが，そのことを表現することもなく卒業をしてそのままになっていました。再会したことで，昔ちょっと意識していたことを思い出し，それが自分の「特定の好きな子」だという思い込みになり，そう思い込んだらい

ろいろ気になって聞きたくなって，相手のことも考えずどんどんメールを出してしまいました。その期間は２カ月ほど続き，メールの数も何百通以上になりました。さすがにマユミさんもマユミさんの家族も，ヤストくんの家族も驚いたようです。マユミさんからは途中の段階で「ヤストくんとは友だちだと思ってるよ」とか，「たくさんメールしないで」などと返事をしていましたが，聞き入れることなくヤストくんは次々メールしてしまったようです。適切なメールの仕方，例えば内容や時間帯，回数などを考えて実践していくことが必要となるでしょう。携帯を取り上げる，規制するということもできるかもしれませんが，それは根本的な解決とはならないのでしょうから，適切な使い方ができるようにしていく方が現実的だと思います。

事例④　突然告白されて舞い上がってしまったミスズさん

　最後は高校生女子の事例です。高校生になるということで，自分のスマートフォンを買ってもらいました。初めて自分が個人的に他人と連絡を取れるツールを手に入れて，毎日ひたすら友だちとのメールのやりとりやインターネットでいろいろ調べていました。そうしたところ，同じ年齢の子が集まっているコミュニティサイトのようなものを見つけ，そこである女の子チカコさんと知り合いになりました。メールなどでよく話をしてみると，住んでいるエリアもさほど遠くなく，一度一緒に会おうということになりました。

　そして，実際に会ったときには，チカコさんは自分の彼氏だといって，年上の男性アキフミさんと一緒に来ました。その日はご飯を食べたり，買い物に行ったりして過ごしました。おしゃべりをする中で，お互いに連絡先の交換もしました。そうするとその夜からアキフミさんからメールが届くようになり，年上の男の人とのメールのやりとりは新鮮で遅い時間でも返事をしながら会話を楽しんでいました。数日間メールのやりとりをしていたら突然アキフミさんから「俺たち付き合わない？」と連絡が来て，「でもチカコちゃんの彼氏でしょ？」と聞くと，「あぁ，あいつなら別れたよ」といったので，「じゃぁ，いいよ」と返事をしました。ですので，ミスズさんはすっかりその気になっていました。

　その後ちょっとしたきっかけから，ミスズさんがアキフミさんと付き合っていると言っている，ということがチカコさんの耳に入ったようでした。そ

うするとチカコさんは激怒し，ひどい言葉使いでミスズさんをののしるようなメールを何度も何度も送りつけてきて，そのコミュニティサイトにもミスズさんの悪口を書き込みました。それをみてミスズさんは驚き，アキフミさんに事実を確認しようと連絡をしました。そうすると，「俺たちが付き合っているから，チカコが間違っている」と言ってくれたので，ミスズさんも負けずとチカコさんに応酬しました。チカコさんから「おまえの家に行ってボコボコにしてやって，家を燃やしてやる」「私は○○会（非社会的団体）の人と知り合いなんだよ，知らせればすぐに駆けつけてきてくれる」と脅しのメールが届いたので，さすがに怖くなって両親に相談しました。

相手に言われるままに，彼氏だと思い込んでしまった

家族も何か事が起こってからでは遅いと，警察に相談しましたが，「何か起きたわけではないので」ということで，話を聞いてもらっただけで終わりました。でも何かされるのではないかと，数日間は家族みんなが脅えたような生活を送っていました。結局何も起こらなかったのですが，でもその期間は本当に落ち着かない日々が続いたことでしょう。

そもそもチカコさんと付き合っていたというアキフミさんがいい加減な人だったようで，ミスズさんにも同じように「付き合おう」と言っていたようでした。女の子２人がこのアキフミさんにふりまわされたような結果となりました。それにしてもこのアキフミさんの言動で，怪しいなと感じるところはなかったのだろうかと思いますが，そこは発達障害の特性ゆえの文脈の読みにくさということかもしれません。しかもメールでのやりとりだったということもあり，余計に文面だけでは真意が分かりにくかったのでしょう。そのためアキフミさんに言われたまま，「付き合う」ことを信用してしまった，さらに確認したうえでも怪しいとは感じずアキフミさんの言葉を信用してしまったようでした。

恋愛にはいろいろな形があるので，知り合ってからの期間が短いからよくないというわけではありませんが，相手がどんな人かを見極めるのには，きちんとその人と面と向かって，そしてある程度の期間をかける必要があるかもしれません。発達障害のある子は思い込んだそのまま突っ走るというタイプの子が多いので，いくら周りがやめておいたほうがいいと諭そうとしても聞く耳を持たずのことが多いかもしれません。気持ちがその出来事に向かっ

ているうちはなかなか聴く心の準備ができていないと思うので対応が難しく
なると思いますが，落ち着いてきたときにも人間関係について丁寧に説明し
て今後につなげていくことが，将来的に必要なことになると思います。

恋に恋する子

　このような発達障害の子たちをみていると，なんだか「恋に恋している」
ようにも見えます。定型発達の子でもそうかもしれませんが，恋愛とか，異
性とお付き合いするとか，さらにはキスすることとか，セックスするなどの
単語や，曖昧な知識や情報はどこからともなく入ってくるものだと思います。
そのようなはじめて聞くような言葉に淡い憧れを感じて，そのようなことに
ちょっと触れてみることで，少しおとなの自分を感じているのかもしれませ
ん。
　思春期の子どもたちにとって恋愛は未知の世界で，そこを覗いてみると何
か違う自分に出会えたり，新しい何か体験ができるのではないかと，心躍るの
かもしれません。誰にとっても恋愛って，そんなワクワク感があるものだと
思います。皆さんの思春期のときにはどのような気持ちだったでしょうか？
　恋愛感情は生きるうえでも大事なことですし，何歳になっても持っていて
もよい感情ではないかと思います。しかし定型発達の人の場合でも，恋愛し
ているときは相手のこと以外何も見えなくなってしまっていることがあり，
相手にのめりこんでしまってしまうがゆえ，時には犯罪に巻き込まれてしま
うなんてこともあるでしょう。犯罪とまではいかなくても，相手とトラブル
になることも少なくありません。しかし失恋をしたりしてうまくいかなかっ
たときや，恋愛のドロドロした現実を知ったときには，ある程度自分に規制
をかけながら相手のことを見てしまうというなんてこともあるかもしれませ
ん。
　発達障害のある子の場合，恋愛の人間関係の裏側がこんなに複雑になってい
ることを想像するのが難しいこともあるでしょう。また恋愛にはときに駆
け引きが必要なこともありますが，それは人間関係がある程度想像できる場
合にしかできないことかもしれません。恋に恋しているときは，実は幸せな
時間を過ごしているのかもしれなく，恋愛にまつわるいろいろなことを学ん
でいって，本当のおとなになっていくのかもしれません。

恋愛の基本は人間関係

　恋愛の基本は，人間関係だと思います。人との関わりがうまくできないことには，恋愛での関係もうまくいかないことが多いのではないでしょうか。思春期になって異性関係がうまくできないのは，それまでの人間関係の作り方，関わり方もうまくできていなかったことがあるかもしれません。思春期になって，ぱっとうまく人と関われるようになるとはあまり考えられません。さらに，恋愛関係は友だち関係よりも少し複雑でセンシティブなものです。対象が異性であるといったことや，身体の成熟に伴った性といった今までにはない要因も入ってきます。ですから，それまで人間関係でのトラブルがなかった場合でも，このような要因でうまく関係が作れないこともあります。例えば家族や友人など近い関係のなかでは，それほど問題にならなかったことも，異性という少し枠が広がった人間関係になると問題になることも出てくると思います。また，身体の性的な部分の成熟によって，興味関心がわくこともあります。これは予測できないことでもあるので何ともいえませんが，全く異性に興味がないようにみえても思春期もしくはそれ以上の年齢になって興味がわいてくる，意識しだすということは個々にはあると思います。そのような要因もあるかもしれませんが，とにもかくにも人と関わることの基本を身につけていくことは，恋愛のためだけではなく生涯にわたっても重要な力だと思います。

　意外にも分かっていないと感じるのが，人と人との関係の強さ，深さ，距離といったところです。分かりやすい例では，親戚です。一言で親戚といっても，いつもよく会うような両親のきょうだい（おじさん，おばさん）やその子どものいとこなどの近い親戚もあれば，お葬式や結婚式で始めて会ったというような遠い親戚も，同じ親戚と呼びます。同じ親戚でも関係の強さ，深さ，距離は違います。また同じように友だちでもどのようなことが言えます。表面上では分からない関係の強さ，深さ，距離がちがっても同じ「親戚」「友だち」と呼ぶので，発達障害がある子たちにとっては，混乱のもとかもしれません。ですから，このような関係の強さ，深さ，距離を，視覚的に示してあげることが一つの手助けになるのかもしれません。

　一つの例として，相手との距離を腕の長さで実際に測ってみるという演習

をする方法があります。距離が近すぎる子に対して「少し離れてしゃべって
よ」と言っても、「少し」がどれくらいなのか分かりにくい子もいると思いま
す。そのときに実際にこれくらいの長さ、というのを具体的に示すことで、
適切な距離というものを理解できることもあるようです。

視覚障害や聴覚障害もある自閉症スペクトラム障害の子の難しさ

　以前、あるところで実施されたセミナーに講師として招いていただいたと
きに、このセミナー参加者の方で視覚障害、聴覚障害のお子さんの指導者や
保護者の方がいらっしゃいましたので、いろいろ興味深くお話を伺いました。
盲学校、聾学校では、視覚障害、聴覚障害など単一の障害というよりも自閉
症スペクトラム障害などを併せて持つ重複障害の子の所属も多いのだそうで
す。そういったお子さんへの指導は、また違った大変さがあるということで
した。周りの状況が想像しにくいという自閉症スペクトラム障害の特性に併
せて、見えない（見えにくい）、聞こえない（聞こえにくい）ということが重
なって、視覚的、聴覚的な情報の助けがない分、さらに想像する範囲が限ら
れてしまうのかもしれません。

　盲学校に通うにお子さんを持つ保護者の方が、「見えないから対人距離が
測れないですよね」と。確かに見えないので、物理的な対人距離を視覚的に
測るというのは難しいことだと思います。あとその保護者の方が言われたの
が、「李下に冠を正さずというか……、周りのことが見えないから、疑われ
るようなことをそこでしちゃうんですよね。何もそこでしなくてもいいこと
を、わざわざやってしまうんですよね。それはいくら注意しても、どうしよ
うもないところがあって……」。対応の難しさを感じていらっしゃるというこ
とに触れました。

　障害があるからできないのは仕方がない面もあるかもしれませんが、人前
で（社会で）他人が不快に思う、変だと思うことは「障害の特性ゆえの……」
と理解してもらえるというよりは、「障害がある子はやっぱりこうなるのだ」
と、残念ながら思われることもあります。障害の理解が深まった成熟した社
会を目指す一方、誤解を招くような行動を示さないようにも、本人たちも適
応的な行動やふるまいができるように考えていくことも必要なのかもしれま
せん。ここで伺ったことは、いろいろ考えさせられる事例でした。

■トラブルにどう対応するか

　トラブルを想定して事前に学んでおくということは，なかなか難しいものです。トラブルが起こってはじめてこの子はこういった問題を起こす子なのか，とわかることもあります。しかし事前に学んでおけることとして，「自分との関係と，その関係でおこなってもよいこと」は学習できると思います。例えば，クラスメイトの女子では，1日2〜3回程度のメールで，内容は授業や部活に関することならよい，などです。

　しかし学んだからといって気になる相手を目前にしたときには，その通りにできるという保証はありません。ですので「なんでそんなことしたの！事前に学んだでしょ！」という注意の仕方は適切ではないでしょう。なぜなら本人は「ごめんなさい」と謝る対処法しかできないかもしれないからです。

　もしもトラブルが起きた時には一連の後始末を済ませた後，落ち着いた状況で本人と一緒になぜそうなったのかを経時的に分析し，どういうときにどういう行動や対処をすればよかったのかをふりかえりましょう。そうすることでその子のトラブルが起きやすい場面が想定でき，次回同じような場面で同じことを繰り返さないための予防や適切な対処法につなげることができると思います。

発達障害のあるおとなの人の恋愛はどうなっているのか？

はじめに

　今まで親子やきょうだいとの関係，友だち関係，学齢期の恋愛関係について，成長に応じたさまざまなステージにおける関係ということを考えてきました。今回は前回からの引き続きで，恋愛について考えていきますが，今回はおとなの年代の恋愛ということについて考えてみたいと思います。

　読者のメインは学校に通う時代のお子さんを対象にされている支援者や保護者の皆さんだと思います。ですので，学校に通う世代のお子さんに関する内容にする方がよいのかもしません。しかし，この子どもたちもすぐに学校を卒業して社会に出ていきます。子どもの時代というのはあっという間で，長い人生の中でもほんの2割前後だと思います。どちらかと言えばおとなとして生活する時間のほうが長いので，このおとなの時間をよりよく生活できるための礎を築くような支援の視点をもって，子ども時代を過ごしている子どもたちに関わっていただけるとよいかと思います。

　子どものころはとくに障害特性が顕著だったりして，本人も大変な時期でしょうし，周りの支援者も対応に大変な時期だと思います。そのため，とかく目の前のことを何とかしようと一生懸命になってしまいがちです。そのような状況になってしまうことは仕方がないところもあると思いますが，その時に「支援している子の少し遠くの将来について想像してみる」ということをしていただけると，いま行っている支援の意味が再確認できるのではないでしょうか。

　今回から数回は学校時代からは少し離れてしまいますが，社会に出てから，おとなになってからのさまざまな関係について触れていきたいと思っていま

す。

いろいろなとらえ方ができる恋愛

　筆者の専門は発達障害がある人への性教育ですので，恋愛といいますか異性関係（同性の場合もあるかもしれませんが）に関係する話をよく耳にしたりもしますし，相談を受けたりもします。ただ，性教育ということで思春期の時代の子どもたちの話題がメインになりますが，おとなになった方の話も伺うことがあります。

　恋愛は何歳からでも，また何歳になってもしてもいいものだと思います。一方で，オトシゴロだから恋愛しなくてはいけないものでもないですし，適齢期だからきちんとしたお相手がいなくていけないこともありません。もう少し言えば，遠距離恋愛のカップル（カップルという言い方は古いですかね？）の人たち，若いときにパートナーが亡くなってしまっても一筋に想い続けているカップル，同性でお付き合いしている人たち，不倫関係の場合もあるでしょうし，二股かけている・かけられている，など，オトナにはいろいろな恋愛の形があります。世の中には，小説よりも小説のような，ドラマよりもドラマチックな恋愛がゴロゴロと転がっているものだと思います。一人一人違った恋愛経験と，多様な恋愛観を持っていることでしょう。

　発達障害のある人たちの恋愛というのは，どのようなものなのでしょうか。それらが書かれた多くの著書も出ていますのでご興味がある方はぜひ目を通していただきたいと思います。お互いが発達障害があるカップル，彼氏彼女のどちらか一人が発達障害のあるカップルなど，組み合わせもそれぞれです。ご結婚をされ，お子さんをお持ちの方もいらっしゃいます。いくつかの書籍を読ませていただきましたが，恋愛の経過にはさまざまあったかもしれませんし，これからまだいろいろなことが起こるのかもしれませんが，自分たちなりの関係を構築し続けていると思います。

　さて，皆さんは，高校を卒業して大学に入り卒業したら，その後就職して何年か経ったら結婚する，これがエスカレーターのように自動的に起こるものだと信じていましたか？　成長発達的な視点で見れば，いくつかの発達課題を経ながらおとなへとなっていくものだと思います。かといってこれらが自動的に自分の身の回りに起こるものではなく，それなりに自分で努力して

手に入れる自分自身の環境であり，獲得していく発達課題です。しかし発達障害のある人の中には，この一連の流れが自然に自分の身の回りに起こるものだと信じている人がいます。「どうして大学を卒業したのに，就職できないんだ‼」「就職すれば結婚できるはずなのにどうしてできないんだ‼」と憤慨している人もいます。

　世の中の大多数の人が経験する流れがこのようなもので，表面上見えているものがこの動きなのでそこをだけ見て，自分も大学が卒業できる，卒業すると就職できる，就職すると結婚できると信じてしまっているのかもしれません。しかし現実はそうではないですよね？　失敗しながら進んでいく人のほうが多いのが現実でしょう。このような解釈の仕方に皆さん驚かれるかもしれませんが，障害特性を考えると，こういう解釈になってしまうということは推測できるものだと思います。もしそのような方に出会ったら，もしかしたら自動的にライフステージごとでのライフイベントが進んでいくと思い込んでいるのではないか，と疑ってみてください。このようにライフステージやライフイベントに関することで，「○○するものだ」「○○しないものだ」などと思い込んでいる人が少なからずいて，実はこのことがきっかけでトラブルや問題を引き起こしているということがないわけではありません。

おとなの恋愛には身体的な関係も発生してくる

　子どもの頃の恋愛関係と違って，おとなの交際となるともう一つの関係も発生してきます。身体的な結びつき，要するに性行為（性欲に基づく行為，とくに性交，セックス）をする機会が出てくるということです。もちろん若い世代でもこのような経験をする機会があり性行為経験の若年化ということも問題になっている面もありますが，一方で近年では若い年代の人の性行為の経験がない割合が，2割〜3割ということもあるようで，必ずしも全員がこのような経験をするものでもありませんが，多くの場合はそのような性行為の経験もする機会があるものだと思います。

　発達障害のある人も同じように，異性とお付き合いをするというという場合身体的な関係に関する悩みなどもあるようです。たまに耳にすることでは，アダルトビデオ（AV）などを視聴し，そこに登場している俳優・女優さんたちが演じている性行為の方法をまねて，それを相手に強要する……，その結

果相手とトラブルになった……なんてことも現実に起きることもあるようです。

　先日たまたまテレビを見ていたのですが，以前 AV 女優をしていた紅音（あかね）ほたるさんという方が，視聴者から「あなたのしていること（性行為を演じている）で，傷ついている人が大勢いる」と言われたのをきっかけに，正しい性知識やの普及や性教育の実施を求め活動しているとう内容の番組を放映していました（紅音さんは昨年急逝されました）。ここで彼女が話していたのは，「AV の通りに性行為を行うと，心も傷つく」ということでした。AV は誇張されたり虚像の表現であり，現実にすべての人に受け入れられるものではないということです。AV 女優さんという職業は，AV 作成のために性行為を演じて収入を得ているわけですが，それでも「そうではない」ということを伝えるということはとても勇気があることではないかと思います。実際には AV から性行為の知識を得るという若者が何割かを占めているようで，ここで得た知識を実際の場面で再現しようとして強要するということが現実に起こっていて，多くの女の子たちが傷ついているそうです。

　この内容を聞いて，AV の内容が実際の性行為の教科書なんだと思ってしまうのは，何も発達障害のある人たちだけではないのだ，ということを理解しました。特に性に関する情報は限られておりオープンにされるものではないので，何が正しい情報なのかが障害がなくてもわからなくなってしまっているのだと思います。この点は性に関する面の大きな落とし穴なのではないかと思います。

　以前発達障害のある人同士のカップルで，お付き合いの末にご結婚された方にインタビューをさせていただいたことがありました。それぞれご自分の特性を十分理解しておられ，お互いの得意さ苦手さを補いつつ仲良く暮らされているように感じました。そんなお二人にお話を伺っている中で，「過敏があって触られるのが嫌なのよね」とか，「性交渉するときの感覚がちょっとね……」という話もありました。もちろん個人によるものはあると思いますが，物理的な距離が近くなるにしたがって直接触れるということも出てきます。そういったときに，相手のそのような嗜好（？）を理解できる人ならばいいのですが，「どうして触ると怒るんだ！」とか「拒否されているのは？」と，恋人関係の構築過程にヒビがはいるようなこともあるかもしれません。「好きという気持ち」＝「性行為 OK」ではないし，「性行為 NG」＝「好きで

はないわけではない」ということもあるので，お互いコミュニケーションを十分に取って理解を深め，お互いの妥協点を見出すことが必要となることもあると思います。

発達障害のあるおとなの恋愛

　もう何年も前になりますが，『モーツァルトとクジラ』という映画が公開されましたので観に行ったのを覚えています。これはアスペルガー症候群の成人男女の恋愛の物語で，実在するカップルを描いたノンフィクション作品であったということです。この映画をたまたま一緒に観に行った映画好きの友人は，当時発達障害についての知識はほとんどない状態でしたので，単に映画視聴の数を増やすためという目的で同行してくれました。その時の直後の友人の感想は「映画のどのあたりがアスペルガー症候群だったの？」というものでした。「んー，説明が難しい！」と何かしらの場面を挙げて説明した記憶があります。普段発達障害のある人たちに接していると「あるあるネタ」のように共感できる箇所が多くあったのですが，そのツボがわからないと共感できないのだということを実感しました。恋愛関係はお互いが体験しているものにすぎないので，いくらその主人公たちに発達障害の特性があったとしても，単なる恋愛映画なのかもしれません。でもこのことってとても重要なことだと思います。『アスペルガーの館』という書籍のあとがきで，著者の夫は「私たちはごく普通の夫婦だと思う」「夫婦の日常はそれほど珍しいものでもないだろう」と書いています（妻も夫も発達障害があるカップル）。お互いのそれなりの苦労はあるとは思いますが，当の本人たちにしてみたら「ごく普通」のことなのだと思います。

発達障害のあるおとなの恋愛――フクタさんの事例

　フクタさんという，40歳代の一般の男性の方にインタビューをさせていただきました。その内容を少し載せさせていただこうと思います。
　お付き合いをして2年ほどとなるという彼女は，20歳代の自閉症スペクトラム障害のある女性です。SNSのやりとりがきっかけで知り合ったということです。お互いが住んでいるところが離れていたので，最初はSNS上での

やりとりが続いただけだったようです。ある日，彼のほうが彼女の住んでいるところへ出張する機会があったので，SNS 上で知り合ってから 1 年ほどして，初めて会ったということでした。

　お名前などは架空のもので，聞き手は筆者です。内容は一部編集してあります。

〈出会ったころ〉

聞き手：彼女に会ったときの初めての印象は？

フクタ：実際会って，何か違うかなという感じとかの印象は受けなかった。やりとりしていたときと，ほとんど同じ印象だと。正直年の差を感じさせない雰囲気がありました。

聞き手：惹かれたところがあったのですね。

フクタ：惹かれるところはいっぱいあるのと，話ししていて結構波長が合うというか。

聞き手：趣味とか，感じ方とかですか？

フクタ：そうですね。彼女は結構多才でいろいろ趣味は多いんです。何と言うんですかね……。

聞き手：具体的には？

フクタ：何と言ったらいいんですかね。難しいんですけれど……本当，会話していて落ち着くというか（笑）。

〈彼女が診断を受けて〉

聞き手：彼女はどのような診断名が付いているのですか？

フクタ：そうですね。学生時代ですかね，精神科にかかっていたことがあったみたいですが。フラッシュバックとかがあって，それでちゃんと診断を受けたらということで，それで今回発達障害であることが判明したということです。

聞き手：それを聞いて，どう思われたんですか？

フクタ：正直びっくりしました。で，聞いたことはあるけれど，どういうのかというのは全く知識がなかったんで。鮮明に覚えているのが，そういう障害なんでフラッシュバックは，一生治らないと言われたのが一番彼女が落ち込んでしまって。そういう診断を受けて，彼女は自分からお願いして

頼むというのはあんまり好きじゃないタイプですが，本当にそのときは苦しかったみたいで頼ってきてくれたようで，やっぱりそれに対して支えなければなといか……，何と言ったらいいんですか，守ろうというか。

聞き手：そうですか……。

フクタ：それからですね，しょっちゅう「別れる，別れない」というのを。

聞き手：何か原因があるんですか。

フクタ：僕は障害というのを正しく理解はできていなかった。彼女に対して，常識的な部分を求めていたところがあったかな。普通ならこうだろうという感情的なほうですね。

聞き手：こういうときにはこう感じるはずだ，こう振る舞うはずだ，ですか？　何か具体例ってあります？

フクタ：そうですね，怒っているときとかに，なぜ怒っているのかが分からなくて。言葉にしてくれないと分からないということが，その後から後から，話しているときに結構出てきます。

〈彼女とのズレ〉

聞き手：その他には何かありましたか？

フクタ：あとは……。お金を使うことが我慢ができない。彼女はお金を稼いでないんですが。

聞き手：ということは，フクタさんのお金ですよね。

フクタ：うん。で，その金銭感覚ですかね。まあ，使い過ぎというところで，こっちが言ってもなかなか難しい部分で。

聞き手：ああー，使ってしまって。

フクタ：使ってしまうというか，本当に，ぽんぽんという感じで使ってしまう。

聞き手：結構，高額のものを買ったりとかするんですか。

フクタ：そうですね，何か衝動的に買うときがあります，うん。何か身に付けるものとか，基本的に洋服が好きなんで。

聞き手：ふーん。計画的に使うとかというのは苦手だと。

フクタ：全然駄目。計画とかもやっぱり立てるのは苦手ですね。いろんな約束を言われたままどんどん入れていって，自分でこう煮詰まってきてパニックになって，いらいらするという感じで。そこで多分煮詰まっているん

だろうなと思うと，予定を聞いて，じゃあこれを止めて，これをまたずらしたらみたいな，ちょっと調整をしてあげるという。

聞き手：へえー。お金のことと予定の話と，あとは何かありますか。

フクタ：あとは，感情的なところですかね。男性だろうと思う人と遊びに行くのは，もうしょっちゅうなんです。だから，付き合い始めた当初は，こういうのは駄目だよと注意することもありました。彼女に対してということなら注意してもいいことなのかなという部分もあって。

聞き手：男性と？　フクタさんとしてはそういうことはしてほしくないですよね。

フクタ：そうですね，そういうところで，やっぱり，彼氏として嫉妬する部分もあるけれど，その嫉妬の理解は彼女には分からない。そこが感情のずれというのでしょうか。

聞き手：「何で悪いの？」みたいな感じですか？

フクタ：悪いとは思っていないみたいなんで。

聞き手：なるほどね，それはまた結構大きなズレですよね。やっぱりそこは大きなところだったりするんですか？

フクタ：だから，そこで衝突があったんですね。

聞き手：彼女は，それを隠さずに言ってしまうということは，悪いなとは思っていないということなのでしょうか？

フクタ：隠してはいるんですよ。

聞き手：そういう彼女に対して，どんなお気持ちなのですか？

フクタ：だから最初は嫉妬という部分はすごいあって。そういう人が複数いるみたいだし。彼女の経験，本当にその意味が分からなくても，今までの生きてきた経験上から，こういう対応をしたほうがうまくいくだろうという考え方を持っているようです。

聞き手：そうなのですね。

フクタ：だから，理解はしていないだろうとは思いますけど，こういうふうな対応をしていれば，何とかなるだろうとか思っているようで……。丸くいくというふうに，そんなことも，ホンネで話したときに言っていました。

聞き手：そこら辺を聞いたとき，どういうふうに思われたんですか。

フクタ：そうですね……。だから，逆にそれは気を使わせているのかなという部分も。もし，僕の気分を害するから，こういう対応をしておいたほう

が無難だろうというかんじでしょうか。

聞き手：彼女なりの，相手の気分の損ねないようにするやり方ですかね。

フクタ：ただこっちからすると，そこまで気を使ってまでしなくてもいいだろうなというところもあったり。うそついてとか，隠したりとかしたりという部分。

聞き手：それは，そのうちばれるんですよね。

フクタ：そうですね，ばれちゃいますね。

〈彼女を理解する〉

フクタ：結局こっちが注意しても，彼女が怒られるということが耐えられなくて，すぐ逃げてしまうタイプなんで。そのときに別れ話がよく出る。

聞き手：叱られると，「じゃあ，もう別れる」みたいな感じになるの？

フクタ：もういい，っていう感じ。自分自身も，至らない部分があるし。

聞き手：至らない部分，あると感じているんですか。

フクタ：至らん部分というか……。最初のほうはやっぱり，本当は理解はできていなかったなという部分があったので。

聞き手：ああ，なるほどね。

フクタ：うん。

聞き手：彼女が悪いんじゃなくて，障害があるからというところは。

フクタ：結局，障害でできないことというか，不得意な部分もあるんで，そこを求めていたのかなぁて。本当に理解して，その言葉を発していたかどうか，と考えるところはあって，勉強するうちに，こういうアプローチの仕方は駄目なんだろうなとか，いろいろ考えてみて。何だか自分の心というのが，緩く広がっていったという部分はあります。

聞き手：自分のことを広げていこうとか，広がっていったということを言われるのってすごいですよね。とかく，自分の枠にはめたがるじゃないですか。

フクタ：うん，だから，自分の価値観という部分は，こういうものというのは実際自分の中ではやっぱり生きてきた中ではあって，やっぱり最初は枠にはめようっていう部分もあったとは思うんですね，やっぱり，最低，自分のラインというのがあるんで，そこをある程度許容はするんですけれど，ここは駄目だろうという部分とかはあって，そこを，だけど，やっぱり一

緒に生活して相手のことを考えて，そうですね，だから，基本的なスタンスが相手に合わせていこうかなという部分の考え方に変わったという。

聞き手：そうなんですね。

フクタ：だから，こういうふうに行動とかに対して，注意するとか，怒るとかというスタンスじゃなくて，やっぱり相手に分かるように理解をさせていこうとかというふうなスタンスもあるし，ある程度，何が優先順位として大事かということをね。だから，いつの間にか，彼女がやっぱり過ごしやすいようにという部分を考えたときに，自分の「ここはちょっとな」という部分と比較して，どっちが大事なのかなという。

聞き手：他人なのに，そこまで理解しようと思えるは，どうしてなんですか？

フクタ：そうですね，嫌だなという部分もあるんですけれど，結局，彼女なりにラインは引いていて……。何と言うんでしょうね，悪気がないという感じなので。人それぞれなんでしょうが，最終的に頼ってくれるし，何か最終的なより所は僕のところかなという部分も。

聞き手：ああー，そこの，そういった確信はあるんですよね。

フクタ：確信，そうですね。本当に追い詰められたときに頼ってくれるので，彼女をより理解はしたいなと思うんです。いろいろ思い悩むところというのはいっぱいあるんですけれど……彼女は自分にないものを持っているんで。

聞き手：彼女の魅力ですか。

フクタ：そうですね。

聞き手：ふーん。やっぱり，何か惹かれるところはあった？

フクタ：惹かれる部分……。発達障害があるお子さんのご家族の方に「家族でこれだけ大変なのに，よくそういうふうにできますね」と言われたことがありますが，自分では何かそこまで深くは思ってないです，大変なことだというふうには。

聞き手：それは家族じゃない分，逆に深刻になり過ぎることはないということでしょうか。

フクタ：というか，付き合っているという状態で，彼女が発達障害とか，別にそういう障害じゃなくても，何かの病気が判明したらやっぱりそれに対してケアしたいという部分は，何か普通に自然な。彼女の場合は発達障害という障害だったということだから……。何かそれを引っくるめて，何か

受け入れようかなという。で，そういうふうに思わせてくれる彼女なんで。だから，僕がすごいとかっていうんじゃなくて。

聞き手：じゃあ彼女と出会って，今までのことを後悔をしているとかは，ということは全然ないのですか？

フクタ：そうですね，振り返って，出会ってよかったとは思います。発達障害じゃない彼女と付き合っていたとしても，結構衝突はあると思うんですけれど。発達障害ならではの衝突もあるのかもしれないですけれど，多分それはその子の個性であって，別に障害という特殊なイメージは特にはなくて。逆に，そういう発達障害というふうなものをいろんな本で見られるということでは，逆に理解はしやすいかな。でもまだ理解できないですけれどね，まだ，そこまで深く勉強はできていない，うん。

聞き手：普通の恋愛の理解とはまたちょっと違う理解の仕方がある感じですね。

フクタ：だから，そういう点では何かこう……発達障害の人と付き合うというのが難しいという面は結構あるとは思うんですけれど，逆にそういう補助的な部分はあるんで。

聞き手：文字に書いてあるから分かりやすい。それをご本人と見比べながら，ご本人にはない部分も。

フクタ：分かりやすいなという部分もあるし。合う部分もあるし，合わない部分もあるし。

〈自分の中の変化〉

聞き手：自分が変わったなというところは，ありますか？

フクタ：だいぶ自分の枠というところで，完全にこだわり過ぎないようにはなったような気がします。

聞き手：今までは，こだわっていたのですか？

フクタ：そこまではなかったんですけれど，その枠というのが本当に正しいのかどうかということでは，人それぞれ枠ってあるとは思うんですけれど，自分の心とその枠というのが何か比例していて，やっぱり広がったなと感じます。あと，結構他人と接するのは穏やかになりました。

聞き手：例えば，職場とかで？

フクタ：基本的に指導する立場なんで，やっぱり何か部下に対しての注意と

か，今まで，昔だと頭ごなしに怒っていたこともあったんですけれど，極端に怒らなくはなりましたね。何となく，人としては何か広がっていったような気持ちもあるし。彼女はいろんなものに対して意欲的に追求しようという子なんで，自分と見比べて，その彼女が追求するいろんなものに対して知ろうとか。例えば仕事をしているときに，自分自身何かに対して追求していっているのかなと思ったら，そこまでちょっと努力はしていないのかなと。何かもうちょっと自分のスキルを高めようというふうに思わせてくれたのは，彼女の姿を見てたからだと思います。仕事に対して意欲をもうちょっと高めようって思わせてくれたのは，彼女の影響かな。だから，そういう点でいい刺激をもらっていることは多いかな。

聞き手：今はどのくらいの頻度で会ったり，連絡を取ったりとかしているんですか？

フクタ：ほぼ毎日は連絡を取っています。たまには会ったりもします。彼女は今，自分なりに頑張っているところですかね。

聞き手：で，その彼女を応援したいなと。今はどんな気持ちなんですか？

フクタ：気持ちとしては，そうですね，変わらずというところで，関係が継続できればなという部分もあるし，そうですね，分かんないですけれど，将来的には一緒になりたいなという部分も話したりした部分もありますんで。

聞き手：それに関しては，彼女はどんな感じだったんです？

フクタ：いずれはっていう感じの部分も。

聞き手：焦らず，よくお互いを，関係を理解していくっていう理解ですか。

フクタ：そうですね，という部分ですかね，うん。

聞き手：そうですか。何か，温かい関係だと感じます。

フクタ：実際なかなかお互いに話すという機会ってあんまりないんですよね，恋愛に関してということは。ちょっと聞いたことあるのが，恋愛っていう部分の理解がやっぱりなかなか難しいというようなことは聞いたけれど。男の友達と，彼氏の違いが分かりにくいというようなことは……。

聞き手：フクタさんご自身の中ではあるんですよね，彼女と女性の友達の違いというのは。

フクタ：話ししたときに，「彼氏と付き合って，いずれ別れることがある彼氏より，一生続く友達のほうが結構いいんじゃない？」というふうに，「一生

続くほうが良くない？」みたいな。

聞き手：そうなんだ。

フクタ：うん。そういう考え方もあるのかと。

聞き手：なるほどね。

フクタ：そうですね，何かうまく説明できないですね。

聞き手：でも，自分はそうじゃなくて，やっぱり彼女と彼氏との関係でありたいと。

フクタ：そうですね……。友達となると別の彼女ができたりとかして，やはり優先順位が変わってくるかなという部分もあるし，将来的に結婚したりすると，なかなか友達という付き合い方が難しいのかなという部分もあるから，やはり，彼氏，彼女という部分は続けたいな。一番に考える人という意味で。確かに分かるんですけれど，友達のほうが一生付き合えるなという感覚も分かるんで，「あ，なるほど」って思ったことがあった。

聞き手：でも，自分の求めていることはちょっと違うかなという，そこら辺が。

フクタ：だから，彼女が僕をどういうふうな見方をしているのかなというのは，すごく気にはなっていまして。自分としては，彼女は"彼女"としての位置づけです。付き合っているという状態があるんで。

　フクタさんには，彼女との出会いからのことをお話しいただきました。付き合うことで，相手のことを理解，尊重しようとする行動，そしてその二人の関係から自分にも何らか変化が起こってくること……。彼女には発達障害という診断がついているということ以外は，一般のカップルと何ら変わらないと感じました。まずは自分のことを理解し，そしてお互いのことを理解し尊重し……という時間はかかるかもしれませんが，こうやってよい関係を築くということはとても素晴らしいことだと思いました。

発達障害のある女性からみたお付き合いするということとは

　Lobin. さんの著書『無限振子』には，男性とのおつきあい，結婚などのことが記されています。Lobin. さんは30歳代で自閉症の診断を受けた女性です。

　同棲をしていた相手と結婚し，その相手からが高額のお金の要求をされたのでそのために借金をしたり，親戚や家族からの期待があったためそんな相手でもすぐに離婚の選択ができなかったり。また別の男性からの誘いが断わりきれなかったことで，精神的に落ち込んだり……。そんな生活を続けながら結局は自殺未遂をして，結局は離婚をするということになります。

　相手からの要求に疑いもなく従い，第三者からみればボロボロになっているにもかかわらずそれでも疑わず言われる通りにする。本人なりのストーリーの中で成立してはいますが，結果的には限度が超えて破綻してしまいます。当の本人たちの間で納得していれば関係が成立するのかもしれませんが，「一般的に限度を越えているのかどうか」を判断することは発達障害のある当事者にとってとても難しいことなのかもしれません。

　よい関係を築くためにはお互いの権利や義務はどのようなものなのか，恋愛という関係とはどういうものが一般的なのか，第三者から見てどこ以上はもう我慢しなくてもいいレベルなのか，などを客観的に伝え，無駄に傷つくことにならないように支援することが必要だろうと思います。

　弱い立場にいる人を支援することは，発達障害があるなしには関わらず必要なサポートなのだろうと思います。

文　　献

カトリン・ベントリー（室崎育美訳，2008）一緒にいてもひとりアスペルガーの結婚がうまくいくために．東京書籍．

かなしろにゃんこ（2016）発達障害　うちの子，人づきあいだいじょーぶ？　講談社．

リプロ・ヘルス情報センター（2012）日本人の性行動の実態．www.jfpa-clinic.org/data/jex_japan_sex_survey_130701.pdf

H・ロビン（2011）無限振子―精神科医となった自閉症者の声なき叫び．協同医書出版社．

村上由美（2012）アスペルガーの館．講談社．

ジェリー・ニューポート，メアリー・ニューポート（ニキ・リンコ訳，2010）アスペルガー症候群思春期からの性と恋愛．クリエイツかもがわ．

ジェリー・ニューポート，メアリー・ニューポート，ジョニー・ドット（八坂ありさ訳，2007）モーツアルトとクジラ．NHK出版．

自分自身をどう理解し受け入れ，つきあうか

はじめに

　この書籍のタイトルは「関係性を創る・築く・繋ぐ」ということで，これまではさまざまな他者との関係について考えてきました。関係というと二者以上の間におけるものですので，他者との関係ということに意識が向きがちですが，今回は自分と自分との関係についてみてみます。自分との関係って何？　と思われるかもしれませんが，イメージとしては自分自身をどう理解し，どう受け入れ，自分と向き合うかということについてです。一者のなかの関係をみるということは外見上分かりにくいものですが，今回は「自分と自分自身との関係」について，さまざまな視点から考えてみたいと思います。

自己理解をすること

　自分自身を理解することや向き合うことの意味で，「自己理解」という用語を用いることがあります。この用語を耳にされたことはあるでしょうか？文字通り「自分のことを適切に理解する」ことですが，この「自己理解」が適切に進んでいるかどうかによって，学校生活や社会生活に大きく影響するのだということをとても感じます。

　自己理解は「自分の身の丈を知る」ことでもあると思いますが，外見的にも自分の体格がわかっていないと自分に合った服は選べないし，自分の性格が理解できていないと気が合う仲間作りも難しいかもしれません。能力や興味についても自分のことがわかっていないと，適切な進学先や所属先を選べないこともあります。また自分はどのような場面で困るのか，苦手なのかを

知らないと，困ったとき，苦手なものに出合ったときにどう対処していいか
もわからないでしょう。そもそも自分が困った状態に陥っているかすら理解
できないということもあります。自己理解ができていることは社会で対人関
係を構築する際に必要な，基本的であり本質的なものであると思います。

　発達障害のある人の場合，もちろん障害のない場合も，自己を理解するこ
とは重要なことです。自分にある障害の特性を理解することで，自分がどう
生きていくのか影響があるものだと思います。自分の得意な面，苦手な面が
理解できているなら，それに応じて将来就きたい仕事を選び，そのために必
要な学業を修める方法を選ぶでしょう。いろいろな可能性を試みるのも経験
として重要だと思います。しかしあまりにも自分の適正とかけ離れた職を選
択するのは，長続きしないものですし，達成感を得ることもないかもしれま
せん。定着できずに職を転々することになれば，生活にも影響が出ます。こ
れは一例ですがこのような意味で，自己理解がどう生きるかに影響があるも
のだと思います。

　発達障害のある人で，自己理解がうまく進んでいないかもしれないと感じ
る人がいます。進学，就労などさまざまな場面での選択について「なんでそ
っちを選ぶのかな？」と感じることもあります。本人の判断（時には保護者
の意向が強く影響されていることもありますが）で選択しているのだと思い
ますが，第三者から見て違和感を覚えるのは本人に見合ったものではないだ
ろうと感じるからだと思います。それぞれに自分自身の職業観や仕事観を持
っているのだと思いますが，それらが自己理解ができていている上の職業観
なのか，自分の思いから来ている職業観なのかによっても職業選択が大きく
異なるでしょう。発達障害のある人で，職業観にぴったり合っていないとそ
の仕事に就けないという人もいます。しかし完全に自分の理想やイメージに
合った理想的な仕事や職場環境など，そんなにあるわけではありません。自
分ができそうな仕事や通勤のための条件の中から，これなら続けられそうだ
なというものを選択し，徐々にその仕事に慣れていくものだと思います。仕
事のほうが自分に合わせてくれるというよりは，自分が仕事に合わせること
ができる方が選択肢の幅が広がります。もちろん仕事を継続するためには自
己理解以外のスキルも必要ですが，まずは得意なこと，苦手なことなど自分
のことを理解することが基本となります。

自分の身体や体調を認知すること

　ご自身の体調が悪いとき，皆さんは「調子が悪い」「熱がある」……→「風邪をひいた？」……→「今日は休もう！」という判断は，普段の生活の中で当たり前のようにしかも容易に行われていることだと思います。発達障害のある人たちに関わっているときにも，体調の話題について聞くことがありますが，少し様子が異なることがあります。熱が出ていてぼーっとしているのに自分ではそれがわからなかったが，周りの人が様子がおかしいと気がついて熱を測ってみたら39℃あった。長時間運転を続けているうちに知らないうちにお尻のあたりがこすれて擦り剥けて怪我をしていたのに，まったく気がつかないままだった。これらのように病気やケガの場合もありますが，時には急に体が動かなくなって急に止まってしまったという人もいます。これはどうやら仕事を一生懸命に頑張りすぎてしまい，休むタイミングがわからずに続けていてオーバーヒートしてしまったようだ，なんていうことも聞きます。これはどちらかというと，身体的な感覚や認知が鈍い，セルフモニタリングが苦手ということのようで，自分のちょっとした体調の変化を捉えにくいといったことがあるようです。自分の身体で起こっている何かしらの出来事を認知することが鈍いということもあるかもしれませんが，それを言語化して表現することも苦手なのかもしれません。女性で定期的に不安定になるということも聞きますが，おそらく月経周期に関連しているものだと思われます。ホルモンバランスの変化によって，月経前症候群と言われるような症状がみられます。個人差が大きいので人それぞれかもしれませんが，全く気にならない人，痛みや違和感など身体的な自覚症状を強く感じる人，精神的に落ち込んだり抑うつ的になる人などさまざまあると思います。身体症状としてうまくとらえられず，具体的な症状を言葉で表現できないため，ふるまいや行動で表現しているのだと思われます。

　また感覚過敏と言われる特性があるのですが，光がとても眩しく感じる，匂いや味に敏感，特定の音が苦手，苦手な肌触りがある，など過敏に感じることです。味覚，聴覚，触覚，視覚，嗅覚の五感に関して敏感に感じられてしまうというものです。このような過敏があると，外に出るのもできない，人と会うこともできないなど，行動や生活にかなりの制限がかかります。敏

感に感じすぎるということは，この音，光，匂いであふれているこの世界で生活するのはある意味苦痛なことかもしれません。この特性は体調や精神的に調子がよくないときに，とくに強く現れるものです。

　ボディイメージ（自己の身体，容姿に対するイメージ，自己の身体や身体的特徴などに対する自己評価）の面からみても，ちゃんとイメージできているかといえば，ちゃんと確定したものがないように感じます。ボディイメージは成長（加齢も含め）によって変容する自分の身体に対して，変化するのか理想だと思います。イメージが変化できないと，イメージと実際の身体の間に不一致が起こるものです。

　またこのボディイメージは，体を動かすことにも関連するといわれていますので，身体全体をつかう粗大運動に関しては，ときどきぎこちなさがみられることがあります。ボールを投げたり走ったりする姿などを見て，そんなことを感じたことはありませんか？　このような場合にはボディイメージと何かしらの関連があるかもしれません。

　また運動のことで言えば，発達障害のある人たちにヨーガを体験してもらったことがあるのですが，その時の様子がとても興味深いものでした。インストラクターの指示通りに体を動かすことができない人が多い，インストラクターと同じポーズをするのに（考えて）時間がかかる人がいる，などです。そもそもほぼ全員身体が硬い（柔軟性がない）ことも……。「右足を挙げて」と言われても，どっちが右？　挙げるってどうするの？　みたいな感じで，あたふたして混乱している人もいました。自分の身体のパーツの名称を言われてそれがどこにあるのか，そのパーツをどう意識させ動かすのか，まったく得意ではない様子がプンプン漂っていました。ヨーガが終わった後に参加してくれたある人が言いました。「腕に血が流れたのが分かった」と。面白い表現でもありましたので印象に残っていたのですが，このことは普段の生活の中で自分の身体を意識できていないということなのかもしれません。自分の身体がどうなっていて，どう動かそうとすれば動くのか，また緊張したときや運動したときなどに身体がどう変化するのか，リラックスすると身体はどうなるのか，などうまく捉えられていなかったのかもしれません。自分の身体を意識しながら動かす活動を取り入れるということも，自分の身体の理解に効果があるのかもしれないと感じました。

自己理解が進んだ？ とき

　高校生や成人など少しおとなになった発達障害のある人で，「幼いとき○○
だったのは□□だったからだ」，ということを告白されて，保護者が「そう
だったのか……」と愕然となる，ということを聞くことがあります。たとえ
ば，ある発達障害のある子を持つお母さんからこんなことを聞いたことがあ
ります。子どもが動き回ってどこに行ったか分からなくなって困るので，幼
いころは目立つ色の服を着せていた。そうしたら高校生になって「小さいと
き派手な服を着せられていたけど目がチラチラするし気分が落ち着かなかっ
たから，余計に動き回っていた」なんてことをふいに言われて，母親は「子
どものためにとやっていたけど，結局は自分が都合がいいように（子どもを
見つけやすくするため）していただけだったのか，子どもにとっては苦痛で
しかなかったんだ」ということに気づかされショックを受けた，ということ
を話してもらったことがありました。
　私たちは過去の出来事に関して再度意味づけをし直すこと（リフレーミン
グ）があると思いますが，発達障害のある人の場合は過去の自分に起こって
いた出来事についてその背景と意味を成長してから言語化できるようになっ
たということをしばしば耳にします。成長とともに自己理解が進んだ……と
いう言い方もできるかもしれませんが，このように少しでも以前のことを言
語化して話してくれることは，自分も過去のことが意味付けできますし，そ
れで少し楽にもなるのではないかと思います。関わっていた周囲の人にとっ
ても長年の謎が解けるようで，すっきり（がっかりの場合もあるかもしれま
せんが）するのかもしれません。幼少期は自分のことも周囲のことも何が起
こっているのかよくわからずに混沌としたなかでひたすら耐え忍んで生活し
ている（注：私のイメージです）のかもしれませんが，言語化できることで
自分自身その過去出来事の意味を理解し他者と共有できることで，自分の世
界を広げられるのかもしれません。

自分自身の"性"との関係

　ここから性別に関する話題に移りたいと思いますので，少し性別に関する

最近の話題に触れたいと思います。みなさんは LGBT（エル・ジー・ビー・ティー）という用語を耳にしたことはあるでしょうか。関心がある人でしたら，用語の意味もご存知のことと思います。これは，女性同性愛者（レズビアン，Lesbian），男性同性愛者（ゲイ，Gay），両性愛者（バイセクシュアル，Bisexual），トランスジェンダー（Transgender，性同一性障害：こころの性とからだの性との不一致）の頭文字をとったものです。性的マイノリティということもあります。このことは最近ニュースなどでも話題になることがあり，用語の意味は知らなくともこのような性に関する議論があることには触れられたことがあるのではないかと思います。ダイバーシティという用語もしばしば用いられるようになっていますが，性の領域でも多様性（ダイバーシティ）について理解を進め，受け入れられる社会を目指していくのは，日本のみならず世界的な動向です。教育機関や企業においてもこのような性別に関する理解や配慮等が徐々に進んできています。

　性とは男性と女性という二極的なものではなく，男性から女性への連続性（スペクトラム）のなかにあるものだということです。また，表現型（見た目）としての性と精神的（こころ）な性が一致しないということもありえ，それは特別なことではないということです。性に関しては表現型の性別の印象が強く男性・女性という分け方が一般的で，外見に伴うふるまい方，役割，考え方，趣味嗜好などに至るまで，男性的な・女性的であるとされることをすべきだということが周囲から求められます。

　最近では，テレビを見るとほぼ毎日のように，番組やコマーシャルにオネエタレントさんが登場されています。一昔前なら何らかの形でクレームや傷つく一言を言われたのでしょうが，今では特に違和感もなく「あの人，昔，男の人やったらしいよ」「ふーん，そうなんだー」なんて一言の会話で終わってしまうこともよくあります。タレントさんなら社会的な認知度も高く影響力も大きいので，ある種特別扱いされるところがあるのもしれませんが，一般の人となるとまだ十分に理解が進んでおらずつらい思いをされている方も少なくないことと思います。

　世の中が自然にこのような性の多様性を受け入れる方向へ進んだというよりは，当事者の方たちが辛くて嫌な思いをしながらも社会での理解が進むように活動してこられた賜物なのだと思います。「ふつうじゃない」「変わっている」とおそらく冷たい言葉を投げられていじめられ，阻害されたことも多々

あるでしょう。そうなると，「自分とは何か」「生きている意味があるのか」などアイデンティティを揺るがされることにもなりかねないと思います。自分の性は自分のものであり，自分を形成する基本となるものであると思います。ですから，男性であれ女性であれ自分の性が認められ自分自身それを受容できていないと自分自身の揺らぎにもつながるのではないかと思います。自分の性を享受できる，自由に表現できるような社会にさらになることが望まれているのかもしれません。

　このダイバーシティに関していえば，発達障害などの障害や疾患などの理解に関しても同じことが言えると思います。とくに発達障害に関しては近年研究が進んだ分野です。一昔前には「変わった子」で括られていただろう子どもたちは，その保護者によって今のように理解が少しずつ進んできているのだと思います。そういう意味ではかつてなかった，なんでも受け入れ，普通というものは存在せず，正解はないけど OK な世の中になってきているのかもしれません。

■ 自分の性と向き合うこと

　ある 20 歳代になった発達障害のある女性マキさんの話題です。マキさんの母親から，マキさんが「私は男でも女でもない，別の性別なんだ！」と話していたことがとても印象に残っている，とお聞きしました。マキさんの母親からそのことを聞いて筆者は，一瞬「んー，マキさんは何を言っているんだー??」と悩みましたが，マキさんの母親も同じように思ったのかもしれません。「私は男でも女でもない，別の性別なんだ！」なんて聞くと，支援者側としては「え？　まさか，性同一性障害？」なんて，性別の違和感があるのかと考えてしまうこともあるかもしれません。確かに生まれつきの性に違和感があるということは，日常的にそんなに話題に上ることではないので，聞いたほうが驚いてしまいがちです。

　さらにマキさんの母親に話を伺うと，普段の服装は女らしい格好というわけでもなく……，というものを好むのだそうです。具体的には，色はいわゆる女の子をイメージさせるような赤やピンク，黄色やオレンジなどの華やかな色は好まない。また服の素材は軽やかなものというよりはどっしりした感じのものが基本のようです。デザインは女の人が着ていてももちろんおかし

くはないものですが，ジーンズやトレーナーなどスポーティなものを好むということです。何となくイメージしていただけましたか？

　実はこのようなことはマキさんからだけ聞かれるセリフではなく，別の発達障害のある女性からも「女性のトイレに行くことがイヤだった」などと，表現型の性別との違和感があるということを匂わせるような話を耳にしました。しかしよくよく話を聞いていくと，「え？　まさか，性同一性障害？」とは多少違うような印象があります。自分の性別に違和感がある，女性であることがつらい，女性のような振る舞いや格好をするのが苦痛だということではなく，「女性らしさを求められる」「女性らしくすることを押し付けられる」ことがイヤだということのようでした。それを押し付けられるということは自分というものが否定されているのではないかと感じていたようです。発達障害のある人の中で自分の性別に関する違和感らしきものを持っているような話が出たら，まずはよく話を聞かれるとよいでしょう。もちろん人それぞれ違いますので個別性に十分に配慮し，画一的な支援にならないよう気を付けなければいけないと思います。また性別のことを相談されたときには，驚かないでそういう想いに向き合ってあげるのが必要だと思います。

■過去の学習から得た性別に関する理解

　先ほどのマキさんですが母親からのさらなる情報としては，マキさんの精神面が不安定になってきているときはこだわりが強くなり，さらに男の子寄りになるのだそうです。具体的には服装がより男の子っぽくなり，女の子と言われるのがイヤになるのだということです。これはどういうことなのかというと，母親から聞いた以下のことにつながっていると思いました。

　マキさんが小学校くらいの時に読んでいた連載漫画の中で，女の子同士がいじめをしあうというものがあったらしいのです。その漫画の中では女の子は友だちと言いながらいじめをして，ひがみがあって，妬みをして主人公がひどい目に合っていたというものだったそうです。マキさんはそこで女の子の関係をいうものを学んだようでした。主人公がどうなるか行く末を見届けてあげないといけないと思い，マキさん本人もつらい思いをしながら義務感にかられ続けて読んでいたようです。その結果つらい思いを蓄積させてしまい，女の子は友だちを裏切るものだということが頭から離れず，その後高学

年になって小学校に行けなくなった，ということのようでした。もちろん現実はそんなことばかりではないのですが，漫画で読んだ女の子のイメージが染みついてしまい，その後のマキさん自身の生活にも影響を与える結果となったようでした。

　以上のことをマキさんが大人になってから話してくれたようで，それを聞いた母親はとても悔しい気持ちになったということでした。母親は「あの時は私自身も必死でした。どうしたらマキのためになるだろう，どうにかしてあげたいと思うばかりで，マキがそんなことを思っているなんてことには耳を傾ける余裕がなかった」とおっしゃっていました。さらにマキさんは告げ口をするとさらにひどい目に合う，ということも漫画で学んでいたようで，自分も同じようにするとひどい目に合うと信じていて誰にも言えなかった，と話していたそうです。なんだか切なくなる話でした。

　一方男の子に対してですが，マキさんの母親によると，マキさんは男の子に対しては騒がしくしているから嫌いといって，男の子に近くにいられるのが耐えられないのだそうです。なぜならマキさんは過敏性が強く，音などを敏感に感じてしまうことがあります。さらにそのことが気になって不安定になることもしばしばあります。

　以上のような理由で，女の子もイヤ，男の子もイヤ，ということになれば，自分はイヤなどちらにもなりたくない，ということで「私は男でも女でもない，別の性別なんだ！」と発言するのも頷ける気がします。

■ ○○らしくすることを暗黙に要求される

　一般的に日本では，男の子らしく，女の子らしくすることを求められます。「男の子なんだから，○○しなさい」「女の子なんだから△△するのはおかしいでしょ」など，ついつい子どもたちに言ってしまったこともあるかと思います。おそらくみなさん自身，幼いころから家庭や学校でそう言われながら育てられてきた経験がおありかもしれません。性別役割以外でも，「年上なんだからちゃんとやらないと」「6年生だからそれくらいできるよね」ということを勝手に期待しています。そうやって勝手に期待しておいて，もしその通りにできなかったら「問題」としています。それは私たちの生活の中でも，相手に対していくらでも行っていることです。勝手に自分で理想像を作

って，その理想像から外れていると，何か違う，と判断してしまいます。そうやって先入観をもって関わってしまうと，その子を全体としてとらえることができず，良いか悪いかの判断で見てしまうことになります。周囲は自分がどう考えているかによって関わり方も変わってきます。たとえばよくないことだと考えていると，関わり方も注意するとか規制するとか，そういう姿勢になってしまうでしょう。そうなるとダメだと考えていることが伝わってしまうでしょうから，それは結局は本人への自己理解にもつながるところだと思います。「それで OK」として関わるのか，「問題があるダメな子」として関わるのか，自分たちは意識していなくても表現されてしまうでしょうし，そのことで物事をどうとらえるかにも影響しますから自分たちのものの捉え方についても考えていきたいものです。

■ 発達障害のある女性にとって必要な支援とは

　発達障害のある女性の何人かの方と幼いころから関わっていますが，おとなになって社会に出ることが難しい人を何人かみかけます。もちろん自立して仕事もし，生活をしているという人もたくさんいらっしゃいます。何とか30 歳代になって就労先に通えているが，それまでにはいろいろな出来事を親子で乗り越えてきた，ということも聞きます。もちろん女性に限ったことではないかもしれませんが，そのような女性のことをよく耳にします。筆者のざっくりとしたイメージですが，男性はうまく軌道に乗せてあげるとそのように頑張る，例えば幼いころは落ち着かなくて動き回っていたり，友だちに暴力をふるって関係づくりがうまくできなくて困ったが，成人になるにつれその頃の落ち着きのなさは嘘のように消え，毎日決まった経路で真面目に職場に通っているというものです。女性は軌道に乗せようと思ってもうまくいかないこともある，自分なりの考えや思いがあってそれに沿わないとうまくいかない，というもので，学校でも何度か適応に関して課題があり，就労先でもうまくなじめなくて結局自宅にいるという女性がいるということを聞きます。

　そのような女性に共通していると感じるのは，過敏性が強いのではないか，母親とうまく離れられていないのではないか，ということです。過敏性に関しては外的な刺激に影響に左右されることもあり，いろいろな点で不安定に

なる原因となることがあるようです。この過敏性にどう対応するかは難しい問題だと思いますが，本人が困っていることには間違いないのだと思われます。ここでいう過敏性は，外界の刺激もそうですが，環境，人間関係，言葉がけなどでも，センシティブにとらえ心配や不安の原因となり，自分自身新しいことの受け入れが難しいというようなことになります。支援する側が関わりを持とうと思ってアプローチしても，なかなかうまく継続して関わることが難しいことがあります。

　また母親との関係では，母親に対してひどい言葉がけや態度をとることも見られますが（母親を信頼しているからこその行動なのかもしれません），結局母親から離れられない様子が見られます。母親も娘に振り回されることになり，長時間家をあけるということすら難しい場合もあります。

　このような女性に対してどのように支援するのがいいのかいつも悩みます。身体や心の緊張が取り除かれればいいかと，ヨーガやアロマテラピーを勧めてみたり，漢方を処方してもらえるような女性外来を紹介したり，鍼灸を試してもらったり，女性だけの集まりに誘ったり……。本人の受け入れ状態にもよるのかもしれませんが，これと言ってよい変化が見える方法はないような気がしています。母親に対しても支援が必要だと感じていますが，経過を見守ることしかできない状況です。母親との微妙な関係を壊してしまってもいけないし，母親がダウンしてしまったらきっと娘もダウンしてしまうだろうし，娘が不安定になれば母親に影響が出るだろうし，とても難しい関係だと思います。

　この章では自分自身の関係について，自己理解をいうことを軸に見てきました。自分の障害の特性を理解し受け入れることは，安定した生活を送るうえで重要なことだと感じます。発達障害の特性がある場合，自己を振り返るということがあまり得意ではないように感じていますので，自己理解をするのは容易なことではないかもしれません。しかし，おとなという長い時期を意味ある時間として自分らしく安定して過ごすには，自分ことを理解して今の自分がよいのだと受け入れることが第一歩となるのだと思います。

文　　　献
AERA編集部（2017）大特集LGBTブームの嘘．AERA，26（2017年6月12日号）．

法務省HP：性的指向及び性自認を理由とする偏見や差別をなくしましょう．http:// www.moj.go.jp/JINKEN/jinken04_00126.html（2017年6月30日閲覧）

かなしろにゃんこ（2016）発達障害うちの子，人づきあいだいじょーぶ!?　講談社．

マイルズ，B. S., クック，K. T., ミラー，N. E.ら（荻原拓訳，2004）アスペルガー症候群と感覚過敏性への対処法．東京書籍．

宮尾益知（2016）ASD, ADHD, LD女の子の発達障害"思春期の心と行動の変化に気づいてサポートする本"．河出書房新社．

水谷紀子・大六一志（2004）AD/HDおよび自閉症的傾向を示す一般成人女性における自己受容．自閉症スペクトラム研究，3; 23-31.

篠田晴男・石井正博（2008）青年期における自己理解の深度化と対人関係性について：高機能広汎性発達障害の青年期支援に向けて．立正大学心理学部研究紀要，6; 15-25.

髙橋智・石川衣紀・田部絢子（2011）本人調査からみた発達障害者の「身体症状（身体の不調・不具合）」の検討．東京学芸大学紀要総合教育科学系Ⅱ，62; 73-107.

第 10 章

大学生から就労の時期に経験する
リアルな社会の人間関係

はじめに

　この章では，小中学校を卒業してから先のこと，高校や大学に進学，もしくは就労しさらには社会に出るときのことを考えたいと思います。大学も含めてですが，学校という枠の中で勤めていると，教員側はどうしても「この目前の対象者（児童生徒・学生）の在学中の“今”をどうするか」ということで思考が占められることが多いですし，日常の業務もその対応で精一杯になってしまいます。筆者はかつて小中学校に勤めていた経験がありますので，過去には筆者自身もそのような気持ちで働いていたのだろうし，大学に勤めている今も学生に対してはそう感じることが多いです。もちろん，学生の今このときをどうするかということを考え対応することはとても重要だと思います。しかし，人の一生という長いスパンで考えた時に児童生徒や学生として学校という場所に所属する時期はほんのわずかな期間で，学校を卒業した後に社会に出てから死ぬまでの時間のほうが断然長いのです。そのことを考えると，より長い時間を過ごす学校卒業後も自分らしく充実して過ごすことができるために，とくに障害のある子やさまざまな苦手さを持つ子にはできれば学校に通っている時期から，将来の生きる力を身につけることと同時に「関係」構築の方法も意識して対応することが理想的だと感じています。

高校に進学する

　よほどの理由がない限り，ほとんどの中学生が高校に相当するところへ進学をします。高校くらいは出ておいた方がよいということはよく耳にします

し，勉強や集団での活動などということから考えても，大人になる過程においてよい体験になるでしょう。

　高校においても発達障害のある生徒は全日制，定時制，通信制を問わず在籍しています。ですから，高校で教える先生はどこに所属しているかによらず，発達障害の特性を理解し，適切な学習方法や関わり方をしなければいけないことは，説明するほどのことではではないでしょう。高校でも通級指導が始まるなど，支援が徐々に広がってきているようです。

　NPO で多くの子どもたちと関わってきましたが，発達障害のある子は高校を選択するまでの小学校や中学校でさまざまな問題が起こり，親子ともども大変な想いをされています。さらに高校を選ぶとき，入学してからもたくさんの課題を乗り越えなければなりません。学年が上がると新しい環境や担任に慣れるということは毎年乗り越えなければいけないイベントも訪れます。高校は義務教育と違って単位制になり進級できないということもありますし，そもそも絶対に卒業しなければならないところでもありません。高校でどうしたいのか，何をしたいのかといった目的をもっていないと，何のために行っているのかわからなくなることもあるかもしれません。

　高校在学中に限ったことではないですが，発達障害の特性に由来する学習困難や対人関係の課題があると，不適応（問題）行動・不登校・いじめなどの問題が起き，そこから非行や精神疾患にもつながることがあります。このような問題は発達障害の特性がある子とどのように関わるかという人間関係も大きく影響していると思います。周囲がこうあらねばならないという既存の枠にあてはめるというよりも，発達障害の特性がある子がどうしたいのか，適切な方法や場所は何なのかを見つけてほしいと思います。

大学で起こりうる問題

　では，さらに進学し大学に入学したいと思ったとき，どうすればいいでしょうか。高大接続といって，高校から大学へスムーズに移行できるような取り組みも始まっています。発達障害の特性があって大学に進学した場合は，何のために大学へ行くのか，大学で何をしたいのか，行きたい大学ではどのようなサポートが受けられるのかを，事前に確認しておく必要があるでしょう。周りが行くから，家から近いから，何となくなどという理由での大学進

学は，不適応を起こす可能性も否めません。

　最初の関門の一つとして大学入試センター試験がありますが，この大学入試センターでは，発達障害など何らかの障害があっても事前の申し出によって，時間延長など一定の配慮がなされ受験できるようになっています。また2016（平成28）年4月から障害者差別解消法の施行によって，「すべての場においてお互いの人格と個性を尊重し合いながら共生する社会の実現をめざし，そのことを受け，大学では障害があることを理由に入学を拒否することができない，希望した場合適切な配慮をすること」が求められています。学校に勤めておられる方は職場で「合理的配慮」という言葉を聞かれたことがあるかと思いますが，本人にとって必要な配慮や支援を行うことが義務となっています（国公立では法的義務，私立では努力義務と度合いが変わってきますが）。大学によって体制や名称は異なることがあると思いますが，学生相談室，保健管理センター，障害学生支援室などでは，障害のある学生自身への相談や支援はもちろん，授業を担当する教員への支援や相談も行っています。必要に応じて外部の専門機関とも連携しながら支援体制を組むことが理想的です。

　大学生活は高校までと違って，学習・生活・余暇時間の過ごし方が，全て本人任せになります。ですからうっかりしていると，単位が取れずに進級できなかった，一人暮らしを始めたが家事が一切できずに部屋が散らかっている，バイトやサークルばかりで大学に行っていないなど，うまくスケジュールが組めずにいたということはよく聞く話です。発達障害のある学生に関していえば授業の履修登録の仕方がよくわからずしかも誰に聞いてもいいかもよくわからず進級できなかった，次の時間の教室がどこか探せず授業に出られなかった，グループで行う実習でメンバーとうまく共同できず仲間外れのようになってしまった，友だちができず家でゲームばかりしてほとんど学校に行っていない，など大学生活にうまく移行できない，スケジュールがうまく立てられなくて悩むということが挙げられます。本人はボーッとしているつもりはないと思いますが，本人からアクションがないと「なにボーッとしているの？」と誤解されることも多々あります。学校に来ていない，単位が取れない，教室での様子がおかしい，ゼミ（少人数での研究）で仲間とうまく過ごせないなどが起こると，先生たちもようやく異変に気がつき相談室などに連絡をすることがあります。学部によって授業や実習の形態など大きく

異なるので一概には言えませんが，大人数で受ける授業よりも高学年になって小さなグループで勉強や実習をし始めるようになるとより問題が明らかになることが多いようです。特に卒業間近の小グループでの学習（卒論ゼミ）などで，本人もだれに相談したらいいかよくわからず課題ができないのをそのままにしておいたり，グループで共同作業がうまくできずに孤立してしまっていたり，高学年になり卒業が近くなればなるほど後戻りができない（専攻や就職先を変更したりできず，このまま何とか卒業しなければいけなくなっている）状態になっていることが多いようです。

　このようなことになって，保護者から「実は発達障害の特性があると幼いときに言われたことがありました……」とのカミングアウトをされたり，病院を受診したら発達障害の特性があるだろうと大学生になって診断されるケースもあります。そうなったときに，では仕切り直してがんばりましょうとは容易に切り替えることができず，保護者を巻き込んでまず状況把握から始めたり，軌道修正したりするのに多少時間がかかることがあります。大学では学生数の多さや組織体制から，何かしら問題が起きてから対処することがほとんどだと思います。しかし問題を未然に防げるように，リスクがある学生を日ごろからサポートできるような体制作りが必要になると思います。

　専門的な資格や免許取得を目指す大学も多くあります。医療職系，教師・保育などがそうで，卒業後の職業に直結しています。これらの職業は，病気の人のケアをする，人を育てるなど，主に対人援助をすることが目的です。そのため，大学在学中には必ず現場での実習が行われ，この実習も終了しなければなりません。先の事例でも書きましたが，これらの職業で必須になるのは，コミュニケーション力，急に起きた問題に素早く対応できること，先のことを見据えて予防的行動がとれること，同僚と協働できること，相手の気持ちが想像できること，などが特に要求されます。発達障害の特性の苦手なところが要求されているような気もしないではないですが，このようなことは医療系や教育系だから要求されることではなく，どのような仕事や会社でも，できることが期待されます。発達障害の特性がある子がこのような医療系や教育系の職業に向かないということではありませんが，発達障害の特性がある学生が資格や免許の取得過程で不適応や問題が起きるということはよく耳にすることです。今後このような領域における学生支援についても，構築しなければいけないと考えています。

大学・大学院に進学することを選択する前に

　学校での成績や試験の点数がいいから進学する，という進路選択方法があると思います。将来何をやりたいかも決まってないし，大学に行けそうだからとりあえず行っておこうか，と決定する場合があります。あともう一つは，就労が難しいから大学・大学院に進学する，という対処方法です。大学在学中は支援を受けながら何とか単位を取ってみたけど，就活には出遅れてしまい周りの学生は数社から内定をもらっているのに，まだ何も調べていないしどこにもエントリーしていない状態。または今まだ社会に出ることは生活リズムやコミュニケーションなど社会人としてのスキルが十分ではないから先延ばししようか，などの理由で，まぁ大学院に進学しとこうか，という決断をすることもあります。このような選択方法が悪いということではなく，一般的にもこのように選択する人のほうが断然多いのではないかと思います。

　大学や大学院に行ったとしても学士，修士や博士の学位は得られますが，生活リズムやコミュニケーションなどのスキルが身につくか，と言うとそうではないと思います。修士や博士があることで，就職先が多くなるかというとそうでもありません。学位があることで企業側が期待してくるものも変わってきますし，なにより学位がある自分にふさわしい仕事としての選択肢が狭まります。就労してから人間関係の構築方法やコミュニケーションについて学んだり，生活の仕方を学ぶのではなく，これらは就職したと同時にできることが当然だとみなされます。ですから朝起きられなくて遅刻する，ご飯を食べておらず倒れる，上司とコミュケーションが取れないなどがあると，仕事をさせてもらう以前の話になります。進学するのがよくないということではないのですが，進学する前に自分のやりたい仕事は何なのか，将来どうやって生活を立てていくのかということについても，具体的に考えておかなければいけません。

　就労までに自分の生活をマネージメントできるような力をつけておくということが必須です。11章でも述べますが，周りが始終手助けをしていると，本人も周りも"ちゃんとできる子"という誤解をしてしまいます。最低限自分のことが管理できる力をつけておくことは，社会人としての責任でもあると思います。それは当たり前と思われるような，さまざまなことです。身体

の清潔やみだしなみを整える，一日の生活の送りかた，買い物（お金の管理）で必要なものを買う，部屋や身の回りの整理整頓，対人関係に関する挨拶から相手に合わせたコミュニケーションができる，などです。

　これらは社会の一員として活躍するための基礎になる事柄です。このような基本的なことができるうえでの，進学や就労の選択になるのだと思います。これらの基礎作りは，大人になってから急にできるというものではなく，幼い時から少しずつの積み重ねによってできるようになるものです。

　以前支援していた発達障害のある子で，すぐに就労するのは難しそうだからということで大学に進学したことがありました。最初はがんばって大学に通っていたのですが，出されるレポート課題がこなせない，どうしたらいいか先生に聞きに行けない，友人関係がうまく作れないなどで徐々に大学から足が遠のき始めました。またこの子はもともと朝起きるのも得意ではなかったため，両親が仕事で先に出てしまうと，自分で起きて毎日学校に通うということもだんだん難しくなりました。食事を自分で準備することもできず，両親がいないと何も食べずにただ寝ているだけでした。結局卒業に至らずに数年通って退学するということになってしまい，よくないことにその後しばらくは自宅から出れなくなってしまいました。若いのでいくらでもやり直しはできると思いますが，躓きから立ち直るのにもかなりの労力が必要です。スムーズな移行のためにも，その時までに必要なスキルはできるだけ身につけておく方がいいのではないかとお勧めしたいと思います。

　また別の発達障害の特性のある子は，高校は進学校に通っていて成績もかなりよく医学部に合格できそうなんだけど，どうでしょうか？と相談を受けたことがありました。どの大学に行くか，将来どんな職業に就くかは本人の自由なので，やめたほうがいいとかお勧めしますなどとは言えません。筆者は現在医学部で勤務しているのでその経験から，医療系の仕事は患者やスタッフとのコミュニケーションは必須で，今はコミュニケーションの実習や試験もありますよなどと話しをさせていただきました。そうしたら，そういうのは苦手だからやめておこうとあっさり進路変更され（偏差値などで判断されていてそこまで医学部にこだわっていなかったのかもしれませんが），そして国内トップの大学に現役合格されました。もちろん医学部に行くという選択もできたと思いますが，自分の苦手な面を理解してそれを回避するという方法もアリなのだと思います。このことから，自分の得意なことや苦手なこ

とを理解しておくことはもちろんですが，将来やりたい仕事はなにか，その
ために進学する大学ではどのような授業があるのかなどは，事前に具体的に
知っておく必要があるでしょう。入学してから，もしくはその職に就いてか
ら「うまくいかなかった」「こんなはずじゃなかった」ということでは，ネガ
ティブな体験のほうが積み重なってしまいます。

高校・大学から就労につなげる

　就労するときにも大きな問題が起きることがあります。幼いときに発達障
害などの診断をされたことがあるが，一般の高等学校・大学に通っている学
力的には問題がない子の場合，通常の子たちと同じ枠で就労（一般就労）を
することが多いと思います。支援していた一般就労をした人の例ですが，高
校卒業後就職したのですが，職場でうまくいかなくなってきたと感じられる
ようになり，会社と家族との話し合いをしたそうです。そのときに家族から
「実はこの子は，幼いときに発達障害の診断を受けたことがありました」と会
社に打ち明けたそうですが，会社から「なんで黙っていたんだ，だったら採
用しなかったのに」などと言われ解雇されたということがありました（現在
そのようなことが起きていると問題ですが）。高校から大学への進学の際の移
行も環境の大きな違いから課題がありますが，高校や大学（大学院）から就
職して社会に出るというところにも思わぬ課題にぶつかることがあります。
会社は利益追求が目的ですので，大学までよりもさらに合理的でシビアな考
え方で対応されるでしょう。会社から要求されることが果たせないと，受け
入れてもらうことは難しくなります。
　先に挙げた障害者差別解消法による職場での配慮や，就労するまでの就労
移行やジョブコーチなどのさまざまな支援などを受けられる制度も整ってき
ていますが，しかしそれでも自分が会社に決められたように出勤して，一定
のタスクを果たさなければいけないことには変わりありません。高校卒業，
大学進学，就労をスムーズに移行しようと思うなら，その時期になって生活
するためのスキルを習得するというよりそれまでに最低限のスキルを身につ
けておくことで，仕事を遂行するための業務に集中して取り組めることにつ
ながると思います。一度一般就労に挑戦してみたがうまくいかなくなってし
まい，再度挑戦する，という子のことをよく聞きます。といいますかむしろ

何度も就職にチャレンジしている子のほうが多く，最初からうまく自分に合った就労先をみつけられるという方が稀のように感じます。失敗から学ぶということかもしれませんが，再度新しい会社を探す，診断を受ける決断をする，障害者手帳を取得しようか悩む，障害者枠での就労を考える，などを何度も繰り返し試みる本人や家族も少なくないようです。いずれにしても相性はあるので，一回で納得のいった会社や人に出会うことは難しいかもしれませんので，自分にあった会社を根気強く探さなければいけないかもしれません。発達障害のある人の言葉で「会社が自分を受け入れてくれなかった」「会社が悪い」などと被害的に感じてしまうこともあります。そうなるとその気持ちを引きずって，その後の就職もうまくいかないこともあります。このような思考になりがちな人は，幼い頃から被害的に考えてしまう傾向があると思うので，こういったときの自分と会社との関係についても，そうではない，ことを受け入れられるような練習をしておくことも必要でしょう。

　また，就職して一安心ということではなく，どのように継続して続けられるかも考える必要があります。会社の理解や配慮も必要ですが，自分がどれだけがんばれるかということもあります。企業で正式に就職する前の実習（インターン）や，教職や医療職など専門職になる前の現場実習のようなスタイルは，就労するとはどのようなものなのかを具体的にイメージできるので参考になるのではないかと思います。

参考資料

文部科学省：高等学校における発達障害等困難のある生徒の状況. http://www.mext.go.jp/b_menu/shingi/chousa/shotou/104/shiryo/__icsFiles/afieldfile/2014/11/13/1353427_4.pdf
独立行政法人大学入試センターHP：http://www.dnc.ac.jp/sp/center/shiken_jouhou/hairyo.html

社会の中で家族や支援者とどう関係を作りながら生きていくのか

はじめに

　この章では，人生をどう生きるかについて，将来を見据えた内容について触れたいと思います。人生をだいたい 80 年だと考えると，学校を卒業してからおとなとして社会で過ごす期間のほうが断然長いものです。しかも先生や支援者といった，近いところで深く関わってもらえる機会も減ってきます。ですから，子どもはもちろん保護者もどう生活するか，どう生きるかについても考えておくことが必要です。

宿泊合宿をして分かった，セルフケアができることは大切だということ

　NPO での活動と支援の一つで発達障害の子どもたちを対象に，数日間の宿泊合宿を行っていますが，その宿泊合宿で明らかになった出来事があります。この合宿では保護者から離れた場所で，数日間集団で生活をするので食事，お風呂，寝るのも仲間と一緒に行います。大学生などのボランティア・スタッフがいろいろと手助けをしてはくれますが，基本的には日常生活のセルフケアは自分自身で行わなければいけません。旅館の大浴場にみんなで入ったときのことですが，ボランティア・スタッフからこんな報告がありました。「子どもたちのなかで身体を洗わずにお湯につかって，そのまま出ていった子がいました……」「頭を洗う時にお湯をかけていただけの子がいました……」などなど，お風呂以外の場面でも似たような話題が挙がりました。その他にも，合宿後自宅に帰ってから参加した子の母親から「着替えを日数分準備し

て入れておいたのに，ほとんど着た形跡がありませんでした……」「着替えの枚数が入れておいた分と持って帰ってきた数が合いません」などなど。いろいろなスキルを習得するのがメインの合宿ではあったのですが，そこに付随する日常生活上でこれほど課題があったことにとても驚きました。

　なぜこのようなことが起きたのか，もしくはなぜこれまでに課題があるとわからなかったのか，先にも書きましたが，幼いときから家族や周りが先回りして手助けしたり代わりにやってくれていたので，周りも本人も「自分でできている」と勘違いしてしまっていたのではないかと推測します。学校でのルーティンなことは先生たちの支援で毎日の積み重ねでできるようになることも多いのかもしれませんが，学校以外のことまで先生たちにはなかなかわからないものです。ましてや家庭のことだと，よっぽど何か問題がない限り介入することはないと思います。学校だと複数の子がいるのでいい意味でも比較ができるのですが，家庭だと比較ができないうえにそれが標準（普通）になりますので，「ちょっと変かも？」と思わないことはたくさんあると思います。ですので，お風呂など学校で行わない日常生活のことは，評価される機会もなく見過ごされてしまうことも多々あるでしょう。

　今回は何度も書きますが，実はこのようなセルフケアは生涯を通じて必要なスキルで，病気になったり高齢者になって身体的な不自由になるまでできることは自分で行わなくてはならないことです。保護者と一緒に生活しているうちは問題にならないかもしれませんが，自立したいとき，保護者が高齢になったときや亡くなったときグループホームで暮らすとか一人暮らしをするようになるときには自分で行わなければいけません。もしできない場合“セルフネグレクト”というと言いすぎかもしれませんが，このような状態とみなされることもあるかもしれません。

　まず「できるようになる」ことは必須です。そのあとの習慣で，「やらない」と「できない」は異なります。できるのにやらないのは自分の意思かもしれませんが，できるのにできないのは単に習慣が身についていないだけです。このような日常生活スキルは清潔を保つという意味で，対人関係を構築する際には非常に重要であり礼儀として必要です。社会的にOKなレベルでできるようになるような支援を，学校に通っているうちに行えることが理想的です。

自分でできるようになるための支援として

　先ほどから挙げているセルフケアの支援ですが，皆さん期待するのが「言われなくても一人でできる」ことだと思います。しかし，これは最高難度に難しいことだと思います。そこに到達するまでの段階としては例えば，①保護者と一緒にできる，②保護者が手伝うとできる，③保護者が声掛けすると一人でできる，④一人で自律的にできる，です。このような段階を順に経て④の「言われなくても一人でできる」ができるようになるのです。

　「言われなくても一人でできる」ができるのは，子どもではなかなか難しいことです。でも最終的に目指したいところでもあります。段階を踏んでできるようになることを支援していく方法の一つとして，ペアレント・トレーニング（ペアレント・プログラム）があります。これは子どもへのかかわり方や，子どもの問題行動について困っている保護者が，普段のかかわり方を見直し実践し，ふりかえりをしながら学んでいくプログラムになります。応用行動分析（ABA; Applied Behavior Analysis）の考え方が基本となっているもので，よい行動をほめることで，その行動を強化する（増やす）というものです。このペアレント・トレーニングでは，「行動」がキーワードとなります。子どもと関わるとき，どうしても感情的になってしまうことが多いのですが，そうすると理想が高くなったり，概念的になったりして，判断基準があいまいになります。そうなると発達障害のある子には保護者が思っていることや要求していることが伝わりにくくなり，結果として子どもが思った通りに動いてくれないことでイライラしてしまう，悪いスパイラルに陥ってしまうことが想像できます。極端なことを言えば虐待的な関わりになってしまうことも予測できます。逆に頑張って子どもと接していても，うまくいかないことでネガティブな気持ちになってしまい，悪化すると保護者がうつ状態になることもあります。そうなると子どもとのかかわりはもちろん，仕事や生活自体にも影響が出てきます。とくに母親のモチベーションを上げることや大丈夫感を持ってもらうことも大切です。このプログラムを通じて，母親（保護者）と子どもとの関係について見直す機会にもなります。母親（保護者)はつい自分の子どもは自分の思うようになってほしいと思いがちです。しかし思うようにはいかないことが多いので，母親の関わりと子どもの反応

が空回りしてしまいます。子どもを自分とは違う存在であり第三者的にとらえることも重要です。そのことで，お互いを客観的にとらえられ，いい意味であきらめることで過度の期待をしなくなり，身の丈にあった期待をし，そのために必要支援をすることができるのだと思います。

■ 社会での行動範囲が広がること

　自分でいろいろなことができるようになることは，もちろん素晴らしいことです。電車に乗って目的地へ向かったり，好きなものを買いに出かけたりするなど，行動範囲が広がります。おとなになると自由に使えるお金を持てるようになること，いろいろなことが制限されなくなるので，子どもの時より責任を負わなければいけない反面自由も得られます。

　ある社会人の方の話ですが，勤めるようになり給料をきちんと計画的に貯めていたそうです。その方の保護者は知的障害と発達障害がある子どもの教育を計画的にされていて，一人暮らしができるようになりました。ある日突然実家にバイクで帰ってきて，家族が驚いたそうです。高校を卒業するときに運転免許は取得していたのですが，車には乗るつもりがないと話していたので，免許のことは全く気にしていなかったようですが，家族が知らない間にバイクを買っていたようです。お金はどうしたの？　どこで買ったの？などいろいろと聞きたいことはあったようですが，驚きのあまり思わず母親は怒ってしまったということでした。

　また別の事件（？）は，スマートフォンが欲しかったそうで新しく契約に行ったそうです。それまでは携帯電話は持ったことはなく，初めての携帯電話だったそうです。ある日実家に戻ってきたときに，母親が「携帯代金いくら払っているの？」と聞いたところ「10,000円だ」という答えを聞き，思わず「なんでそんなに払ってるの？」と言ってしまったとのことでした。どうやらお店の人に勧められるがまま，使わないような機能も契約してしまっていたようで，高額になっていたようでした。スマートフォンを例に挙げましたが，サービスやその内容はかなり複雑で，次々新しいサービスや料金形態が出てくるので理解するのが相当大変だと思います。確かにお店の人に勧められるがまま，はいはいって契約するのが一番楽ですが，自分に必要でない機能も多く含まれていることがあります。

　社会に出て自分でいろいろなことができるようになるという良い点はありますが，賢く節約するとか，合理的な方法を見つけるということは，知的障害と発達障害がある子には少しハードルが高いのかもしれません。しかし本人にとって，何が一番大切なことなのかがぶれなければ，いいのではないかと思います。節約することを学ばせるのか，自分で活動範囲を広げて社会活動をするのか，どちらに重きを置くかをはっきりしておけば，お金はかかったけどちゃんと自分でスマホの契約ができたね，と言えるわけです。そのあとで，お値打ちに契約する方法もあるよ，という学び方もできると思います。

　安売りのリンゴを買うために，わざわざ隣町までバスに乗って買いに行ったということも聞きます。こういう時に，「バス代のほうが高いじゃん」というのか，「安いものを買うのが優先だったんだね，あの子らしいね」というのか，周りがどう対応するかは，その子がどのように育つのか，ということに影響するのではないでしょうか。

医療機関とどうつきあっていくか

　発達障害の特性がある子の多くは，小児科や（児童）精神科といった病院に受診した経験があると思います。小児科や（児童）精神科は，発達の課題を抱えて受診することが想定できるので，医療者側も丁寧に接してくれるでしょう。発達障害の特性がある子の多くは医療機関にかかるときも一苦労のようで，歯医者で痛い思いをしたから歯医者の前を通ろうとすると泣き喚くうえ二度と行かないという，注射が痛かったから予防接種を一切行っていないなどということも聞きます。医療機関は学校や公共施設と比べて異空間で，緊張感も漂っているので雰囲気を感じやすい子にとったら違和感があるのでしょう。また予測できないことをされる，痛い思いをするなどは，障害特性がなくても避けたいことなのに，特性がある子にとってはよほどの外傷体験になってしまうのでしょう。

　20歳代の女性の事例ですが，気になるおりものや月経以外での出血があったということで，母親と一緒に婦人科にかかったそうです。診察と検査をして最後に結果を聞くときに，診察した医師が「もっと詳しく検査しないと分からないけど，子宮頸がんかもしれないね」と不用意に伝えたそうです。母親も一緒に診察室にいたそうですがその医師の言葉に驚き，女性は医師の言

葉を聞いてパニック状態になり，気持ちがおさまるまでとても大変だったそうです。医師は女性に発達障害の特性があるということは知らず，これほどのパニック状態に陥ったことで何かまずいことをしてしまった，という様子だったということでした。

　大変なのはそのあとで，女性はインターネットなどで子宮頸がんのことをひたすら調べ，手術が必要になること，そのためにはいろいろな検査をしなければいけないことが分かりました。そうなると「痛いのは絶対に嫌，病院には行かない」と言い張りました。母親は，もし本当に子宮頸がんだったら一刻も早く治療してほしいと思っているのに，どんなに言い聞かせてもテコでも動かないほど強情な様子に困っているのだそうです。

　小児科や（児童）精神科以外にも，病気などで医療機関にかかることがあり将来にわたり切っても切れない機関です。医療者側は，患者の中に発達障害の特性がある人もいるということを考えて誰とでも丁寧に接してほしいものです。また連れていく保護者としては，事前準備を怠らないようにされるのが無難でしょう。発達障害の特性がある子を診察してくれる病院なのか，丁寧に説明をしてくれる医療者なのか，など事前に情報を入手しておくことも手掛かりになります。

　ある知り合いの医師から，発達障害のある人を診察することがあるのだけど次の患者さんが待っていて焦っているのに質問攻めにあってなかなか終わらなくて困っている，時計を見るしぐさをしても気がついてもらえないけどどうしたらいいのでしょう，と質問を受けました。筆者からは，察してくださいと願っても通じないかもしれないので，最初に診察時間を伝え，質問はあらかじめ紙に書きだしてきてくださいと伝えておくのはいかがでしょうか，枠を決めておくと相手の方も安心できると思います，とお伝えしました。医療者のすべてが発達障害のある人とのかかわり方を知っているわけではないので，うまく診察が進むように患者側も事前にできる準備をしておくとよいでしょう。

人生っていつどうなるか分からない

　NPO で関わっていたお子さんの保護者の方が，ある寒い日の朝に突然亡くなられたということを経験しました。その方は第 2 章でインタビューをさせ

ていただいた方でした。この保護者の方はまだ若くお子さんも高校生ということで家庭のほうも大変だと思いますし，NPOとしても頼りにしていた方なので本当に急な出来事でスタッフとしても驚き悲しみました。残されたお子さんやご家族はしばらくの間活動をお休みされていましたが，お休みされた後はお子さんとともに定期的に参加してくださっています。最近会った際にはこのお子さんは自動車の免許を取得しようと，がんばって勉強していると話してくれました。実はこの方だけではなく，NPOの保護者はじめ，関係者の方で突然亡くなられたということは全くない話ではありません。自分に置き換えてもそうですが，いつ何が起こるかはだれも予測できません。毎日を精いっぱい生きることをしたいですし，辛いですがいざという時のことも考えておかなければいけないと感じた出来事でした。

　いつかは保護者が高齢者になったときのことを見据え，子どもがどこでどう生きていくのかということを考えていかなければいけません。また子どももいつかは高齢になるので，その時どうやって生活していくのかということも考えていかなければいけません。知的障害のある人は，アルツハイマー型認知症になる確率が，知的障害のない人と比べて高いということも聞きます。そうなると介護や看護を受ける可能性も高いということになります。知的障害や発達障害のある人の場合は，医療との関わりよりも福祉の関わりのほうが多いことがあり医療資源とのかかわり方について多少縁遠いかもしれません。しかし病気やケガをすることもあるでしょうから，医療，看護や介護が必要となる場合もあります。先にも書きましたが医療機関への受診の仕方，社会資源や医療システムなどについても考えておき，準備を始めるのも必要でしょう。

　子どもたちが将来住むことができる場を準備しようということで，グループホームを作ろうという話も出ています。将来は一人暮らしをしたいと話す人もいますが，現実的な問題として費用が支払えるのかということと，自分のことはすべて行い自立した生活が送れるのかということがあります。そうなると誰かに支援してもらえるグループホームのほうがより現実的でしょうが，共同生活なので他者との関わりや支援を上手に受けるということが必須になります。個々でもやはり人間関係をうまく構築するということが必要になります。

　最近では，自閉症協会が保険会社と連携して保険事業も行われているよう

です。病気になったり，高齢になったりしたときのことを考えることは，まだまだ先のこと……と，若い保護者の方は思われるかもしれませんが，そんな日がやってこないわけではなく，いつかその時は来るのです。その時のことばかり考えて過ごすのは楽しくないかもしれませんが，頭の片隅に置きつつ準備をしていかなければいけません。

どう支援を受けるか，ということも重要なこと

　また別の視点から考えてみます。実は筆者は訪問看護師として，患者さんのお宅を訪問して定期的に看護的な支援を行っています。定期的にご家庭へ母親の看護のため訪問するのですが，そこの息子さんの事例です（個人情報なので一部修正してあります）。このお宅の息子さんはとても人当たりがよく，お話をすると「はい，はい」と言っていつもにこやかにされます。両親と暮らしており，現在50歳代で独身，4年制大学を卒業されているようですが自分は仕事をしておらず，経済的には別居しているきょうだいが負担しているようです。訪問すると，いつも家の中が相当散らかっていますし，きょうだいからもらう生活費をあっという間に使ってしまうということがあります。また息子さん自身こだわりがあるようで自分の生活のパターンがきちっと決まっていて，そこに母親の世話（薬を飲んでもらうなど）を一つ入れてもらおうとするのですがなかなか変更することができません。しかし長時間かけて何とかやってもらえるようになり，それが組み込まれるときちんとできるのですが，薬の形状や時間帯などが変更になるとスケジュール化されるのが難しいなど，発達障害の特性がよくみられるな，と感じます。筆者の今までの経験から推測するに，この方は大学を卒業した後就職したがうまく適応できず，転々として結果的に働きに行かず自宅で母親の面倒を見ながら生活しているというような様子が思い浮かびます。この息子さんのように，発達障害のある（だろう）方が主になって家族の介護をされているということもあるでしょう。

　このような方に看護・介護技術を覚えてもらわなくてはいけないとき，看護師としてどう支援するのか，かなり難しいと思います。「○○さん，何回言ってもできないのよね」「なんで何回言ってもやってくれないんだろう」などという訪問看護を行っている人からの声を聴くこともあります。そのよう

な家庭を支援する側が，介護する人の特性の理解をした関わりをすることも求められていくと思います。学校での支援だけではなく，社会の至る処で発達障害や知的障害の特性を理解した専門家としての支援が必要となってきます。

　また発達障害のある人が介護や看護を受けることもあるでしょうから，家族以外の人から支援を受けるという準備もしておかなければならないと思います。以前支援していた人の事例では，発達障害のある方が入院後自宅療養に切り替わり訪問看護が始まったのですが，全く訪問看護師を受け入れることができなかった，ということがありました。このように支援に結びついても，他人を受け入れることができない，家に入れることを拒否するなどということもあります。もちろんさまざまな信念や思いがあってのことだと思いますので，他人を受け入れられない方に発達障害の特性があるということではないのですが，他人の援助を受けることが当たり前だという意識（やってもらえるのが当たり前ではなく）を持つことも，人間関係を築く上では大切です。発達障害の特性がある人で，両親は子どもの面倒をみるのが当然だ，と思っている人がいます。保護者なので子どもの面倒をみる役割はあるでしょうが当然だということは決してなく，時がくれば自分が親の面倒をみなければいけない時もやってきます。支援を受けるばかりでなく，支援する立場にもなり得ます。このような在宅での支援は，今後考えていかなければならないことだと思います。

■ 最後のまとめ

　この書籍では，発達障害のある子どもの成長に伴って発生するであろう親子，きょうだい，友だち，彼氏彼女などのさまざまな「関係」について，経年的に見てきました。個人によって背景や生活環境が異なるので必ずしもこれまで述べてきたような経過を全員がたどるという保証はありませんが，決して珍しいことではなく発達障害のある子たちがどこかで誰かは体験するような事例ではないかと思います。

　「関係」を一つのテーマにしてきたのですが，人間は障害があろうとなかろうと，生れてから死ぬまでいろいろな「関係」の中で生きており，「関係」に支えられて生活しています。発達障害の特性がある場合，他人と自分との見

えない関係を感じ取って理解することが苦手だろうということを感じていますが，そういった苦手さがあると生きていくうえでうまくいかないことがことどころで出てくることがあります。ですからできれば幼いうちから「関係」を意識した支援や，保護者としての関わりをしていただけると，将来にも役に立つ力になると思います。

　共通して言えることは，どの年代でも，どの場所ででも社会の中で自分らしく生活するためには，誰かに支援をしてもらうことが必要となります。これらの支援は発達障害があるから必要だということではなく，障害がなくても誰かに助けてもらう必要があるときは，助けてもらって生活しているのです。社会の一員としての役割を果たし，自分らしく生きるのが究極の目標だと思います。そのためには家族や支援してくれる人達と，うまく「関係」を作ること，そのためにはまず自分が果たすべきことをすることだと思います。

　決して一人で生きているのではありません。自分らしい人生を送るためには，周りとのよい関係構築が一つのカギになるでしょう。

参考資料
自閉症協会 HP：http://www.autism.or.jp/asj-hoken2016/index.html

■ あとがき

　最後までお読みいただき，ありがとうございました。
　第10章，第11章は内容を追加して組み直してみましたが，お気づきいただけましたか？
　5年間という長きにわたる連載をこの1冊の書籍にまとめましょう，というときに社長？の山内さんから，「連載にはなかったおまけの章があるといいですね，名古屋のモーニングみたいな」とコメントいただきました。岐阜人（モーニング文化は東海地方にあります）としては，「モーニングは生活の一部で，おまけじゃないんです。あたりまえにあるものなんですよー。モーニングがないお店には行きません」と，ひそかに心の中で思っていました。が……，"あたりまえ"だと思っていると有難みが感じられないし，"お店に行かない"なぁ。"おまけつき"とか"20％増量"ってわざわざ書いてあると，ついつい手が出てしまいますね。ということで，この書籍でもモーニング作戦を決行しました。
　ただ連載期間が5年ありましたので，発達障害に関わる状況が大きく変わってきています。この書籍の内容が時代に合わなくなってきていることもあるかもしれません。でもそれはそれでよいことと捉えて，この書籍は単なる一つの通過点として発達障害支援に関して「あんな時代もあったね」といえる時期が来ることを楽しみにしています。

川上ちひろ

著者略歴

川上ちひろ（かわかみ・ちひろ）

岐阜大学医学教育開発研究センター併任講師。

保健師，看護師，養護教諭，臨床発達心理士。

名古屋大学大学院医学系研究科博士課程修了，博士（医学）。

岐阜大学医学教育開発研究センター助教を経て，現職。

専門は，医療者教育（多職種連携医療教育，医療面接，学生支援など），特別支援教育における性教育など。

NPO 法人アスペ・エルデの会のディレクターとして，長年発達障害の特性がある子や保護者に関わる。「性と関係性の教育」ということで,性に関する教育方法について広めている。おもな著書に『自閉スペクトラム症のある子への性と関係性の教育―具体的なケースから考える思春期の支援』（金子書房，2015）,『性の問題行動をもつ子どものためのワークブック―発達障害・知的障害のある児童・青年の理解と支援』（共著，明石書店，2015），『発達障害のある女の子・女性への支援「自分らしく生きる」ための「からだ・こころ・関係性」のサポート』（共編著，金子書房，2019）など。

ブックレット：子どもの心と学校臨床（2）

発達障害のある子どもの性・人間関係の成長と支援
──関係をつくる・きずく・つなぐ

2020 年 1 月 5 日　初版発行

著　者　川上ちひろ

発行人　山内　俊介

発行所　遠見書房

〒 181-0002 東京都三鷹市牟礼 6-24-12
三鷹ナショナルコート 004
TEL 0422-26-6711　FAX 050-3488-3894
tomi@tomishobo.com　http://tomishobo.com
郵便振替　00120-4-585728